Les Geeks

T1 / Un clavier azerty en vaut deux

MDR :)
Lanfeust Mag approved

Scénaristes

GANG

Dessins

Thomas LABOUROT

Couleurs

Christian LEROLLE

Soleil

retrouvez les Geeks sur internet :
www.lesgeeks.net

MDR, un label coaché par Christophe Arleston

Soleil Productions
15, Boulevard de Strasbourg
83000 Toulon - France

Bureaux parisiens
25, Rue Titon - 75011 Paris - France

Réalisation graphique : Studio Soleil

Dépôt légal : Juin 2009 - ISBN : 978 - 2 - 30200 - 776 - 5

Impression : PPO Graphic - Palaiseau - France

22:30
JE VAIS AU DODO.
TARDE PAS TROP, TU AS TON ENTRETIEN D'EMBAUCHE, DEMAIN MATIN !
JE REGARDE JUSTE MES MAILS ET J'ARRIVE.
22:55
23:48
01:19
03:25
05:57
06:23
08:15
PRÊT POUR ALLER DÉFENDRE TON CV ?
C'EST DANS UNE HEURE !
OUI, OUI, JE REGARDE JUSTE MES MAILS ET J'Y VAIS...

10/Home geek home

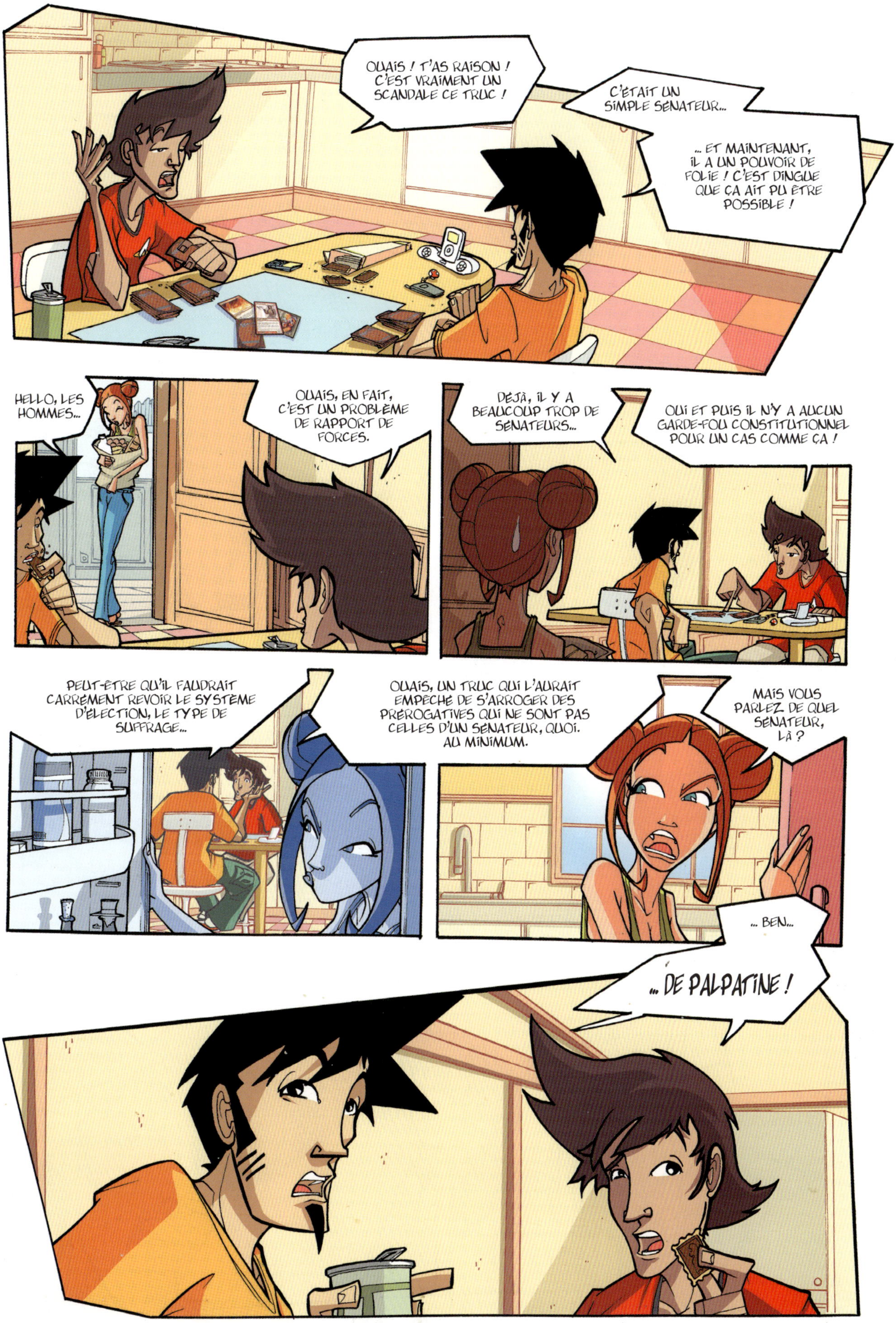
OUAIS ! T'AS RAISON ! C'EST VRAIMENT UN SCANDALE CE TRUC !
C'ÉTAIT UN SIMPLE SÉNATEUR...
... ET MAINTENANT, IL A UN POUVOIR DE FOLIE ! C'EST DINGUE QUE ÇA AIT PU ÊTRE POSSIBLE !
HELLO, LES HOMMES...
OUAIS, EN FAIT, C'EST UN PROBLÈME DE RAPPORT DE FORCES.
DÉJÀ, IL Y A BEAUCOUP TROP DE SÉNATEURS...
OUI ET PUIS IL N'Y A AUCUN GARDE-FOU CONSTITUTIONNEL POUR UN CAS COMME ÇA !
PEUT-ÊTRE QU'IL FAUDRAIT CARRÉMENT REVOIR LE SYSTÈME D'ÉLECTION, LE TYPE DE SUFFRAGE...
OUAIS, UN TRUC QUI L'AURAIT EMPÊCHÉ DE S'ARROGER DES PRÉROGATIVES QUI NE SONT PAS CELLES D'UN SÉNATEUR, QUOI. AU MINIMUM.
MAIS VOUS PARLEZ DE QUEL SÉNATEUR, LÀ ?
... BEN...
... DE PALPATINE !

BIP BIP
LUNDI
ÇA VA PAS, JE LOUPE MES TIRS À COUNTER.
TA SOURIS EST ENCRASSÉE ?
NON, J'L'AI NETTOYÉE.
MARDI
TA CONNEXION QUI RAME ?
MEUH NON !
MERCREDI
C'EST DE PIRE EN PIRE, ÇA TREMBLE QUAND JE VISE !
JE JETTERAI UN ŒIL À TA BÉCANE CE SOIR, ON VERRA BIEN.
5H DE REINSTALL' POUR VOIR QUE C'EST JUSTE TA MAIN QUI TREMBLE...
TU CROIS QUE C'EST L'ÂGE ? DEMAIN JE VAIS CHEZ LE MÉDECIN...
JEUDI
VENDREDI
ALORS ?
JE TE LÈGUE MON CHAUFFE-MUG USB.
FINI LE CAFÉ, IL A DIT, LE TOUBIB.
ET ÇA, C'EST QUOI ?
UN RAFRAÎCHISSEUR DE CANETTE.
JE PASSE AU COCA...
... SANS CAFÉINE, OF COURSE ?
T'ES FOU ! ÇA SERAIT PLUS DU COCA !

DTC, 17H45
CE SOIR, JE VAIS RECUPERER MON NOUVEAU CLAVIER SANS FIL EUUUH.
AH OUAIS, OÙ ÇA ?
BEN, À CARROUF, JE L'AVAIS COMMANDÉ LA SEMAINE DERNIÈRE...
PFF, T'ES FOU, TU VAS PAYER ÇA SUPER CHER. PUIS TU VAS TE TAPER LA QUEUE À LA CAISSE, LES EMBOUTEILLAGES POUR SORTIR DU PARKING...
BEN OUAIS, MAIS...
ALORS QUE MOI, J'AI COMMANDÉ HIER MA NOUVELLE WEBCAM SUR VITETPASCHER.COM
J'AI RECUPERE UN COUPON DE REDUCTION SUR LE FORUM ENCOREMOINSCHER.COM, J'ECONOMISE LES FRAIS DE PORT PARCE QUE JE SUIS ABONNE AU SITE, ET C'EST LIVRE DIRECT CHEZ MOI, EN 24H CHRONO !
AH OUAIS, QUAND MÊME...
BEN OUI, C'EST QUAND MÊME VACHEMENT PLUS PRATIQUE AVEC INTERNET...
T'AS RAISON, J'Y AVAIS PAS PENSÉ...
DRING DRING DRING
BON BEN, JE VAIS À CARROUF...
BON COURAGE !
QUOI, MON CŒUR ? UN AVIS DE PASSAGE ?!?
LE POINT FAIBLE D'INTERNET : LA POSTE...

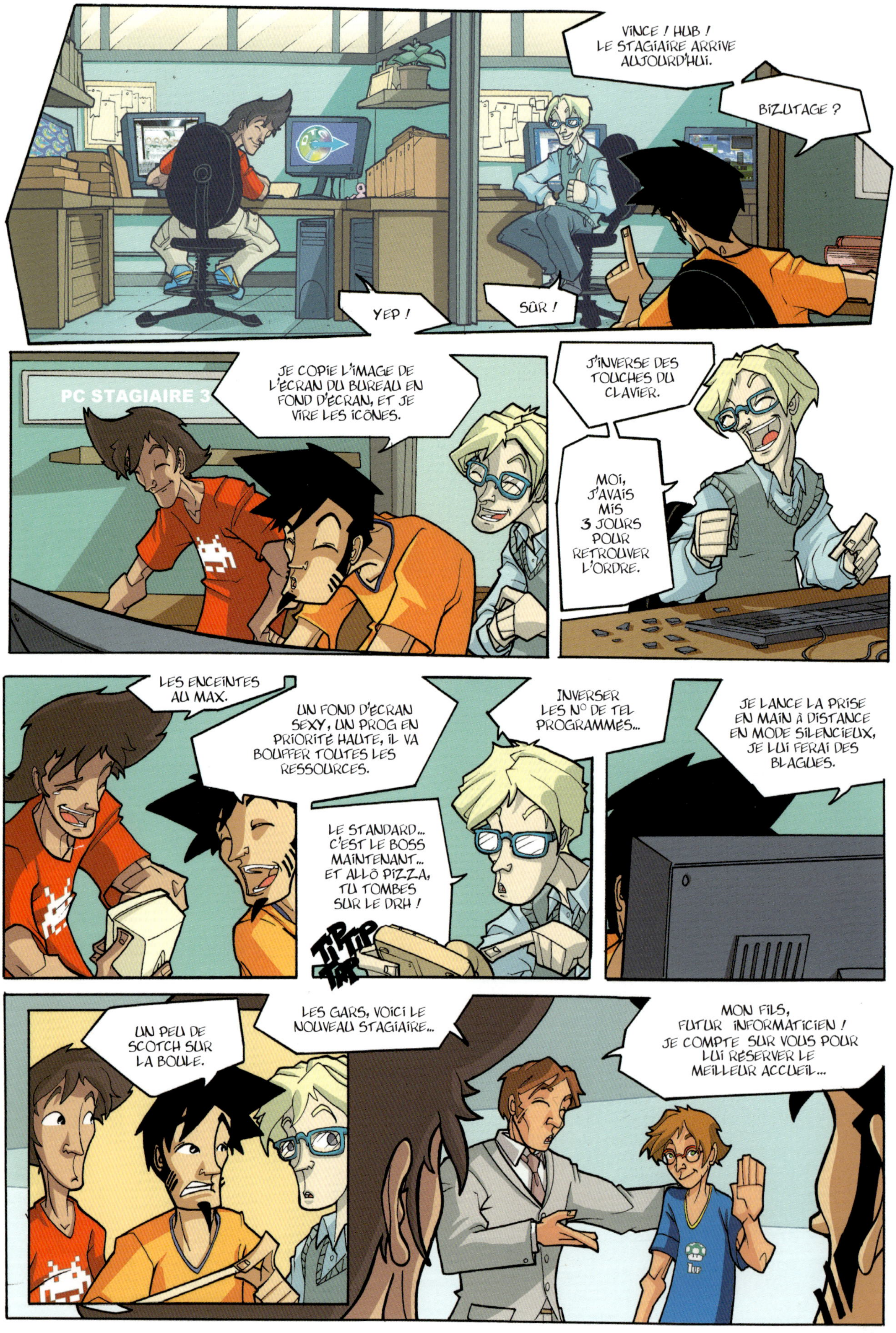
VINCE ! HUB ! LE STAGIAIRE ARRIVE AUJOURD'HUI.
BIZUTAGE ?
YEP !
SÛR !
PC STAGIAIRE 3
JE COPIE L'IMAGE DE L'ÉCRAN DU BUREAU EN FOND D'ÉCRAN, ET JE VIRE LES ICÔNES.
J'INVERSE DES TOUCHES DU CLAVIER.
MOI, J'AVAIS MIS 3 JOURS POUR RETROUVER L'ORDRE.
LES ENCEINTES AU MAX.
UN FOND D'ÉCRAN SEXY, UN PROG EN PRIORITÉ HAUTE, IL VA BOUFFER TOUTES LES RESSOURCES.
INVERSER LES Nº DE TEL PROGRAMMÉS...
LE STANDARD... C'EST LE BOSS MAINTENANT... ET ALLÔ PIZZA, TU TOMBES SUR LE DRH !
TIP TIP TAP
JE LANCE LA PRISE EN MAIN À DISTANCE EN MODE SILENCIEUX, JE LUI FERAI DES BLAGUES.
UN PEU DE SCOTCH SUR LA BOULE.
LES GARS, VOICI LE NOUVEAU STAGIAIRE...
MON FILS, FUTUR INFORMATICIEN ! JE COMPTE SUR VOUS POUR LUI RÉSERVER LE MEILLEUR ACCUEIL...

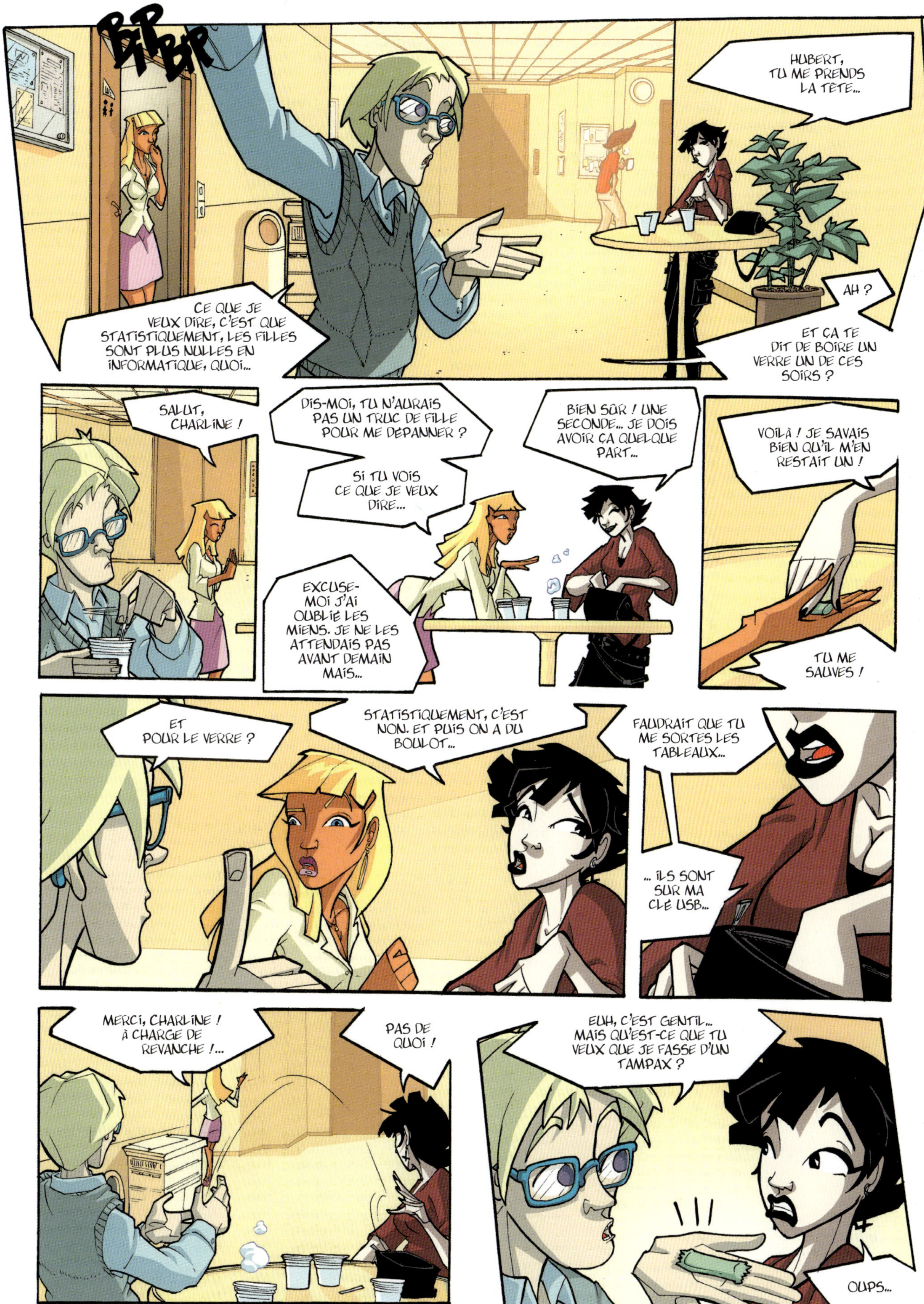
BIP BIP
CE QUE JE VEUX DIRE, C'EST QUE STATISTIQUEMENT, LES FILLES SONT PLUS NULLES EN INFORMATIQUE, QUOI...
HUBERT, TU ME PRENDS LA TÊTE...
AH ?
ET ÇA TE DIT DE BOIRE UN VERRE UN DE CES SOIRS ?
SALUT, CHARLINE !
DIS-MOI, TU N'AURAIS PAS UN TRUC DE FILLE POUR ME DÉPANNER ?
SI TU VOIS CE QUE JE VEUX DIRE...
EXCUSE-MOI J'AI OUBLIÉ LES MIENS. JE NE LES ATTENDAIS PAS AVANT DEMAIN MAIS...
BIEN SÛR ! UNE SECONDE... JE DOIS AVOIR ÇA QUELQUE PART...
VOILÀ ! JE SAVAIS BIEN QU'IL M'EN RESTAIT UN !
TU ME SAUVES !
ET POUR LE VERRE ?
STATISTIQUEMENT, C'EST NON. ET PUIS ON A DU BOULOT...
FAUDRAIT QUE TU ME SORTES LES TABLEAUX...
... ILS SONT SUR MA CLÉ USB...
MERCI, CHARLINE ! À CHARGE DE REVANCHE !...
PAS DE QUOI !
EUH, C'EST GENTIL... MAIS QU'EST-CE QUE TU VEUX QUE JE FASSE D'UN TAMPAX ?
OUPS...

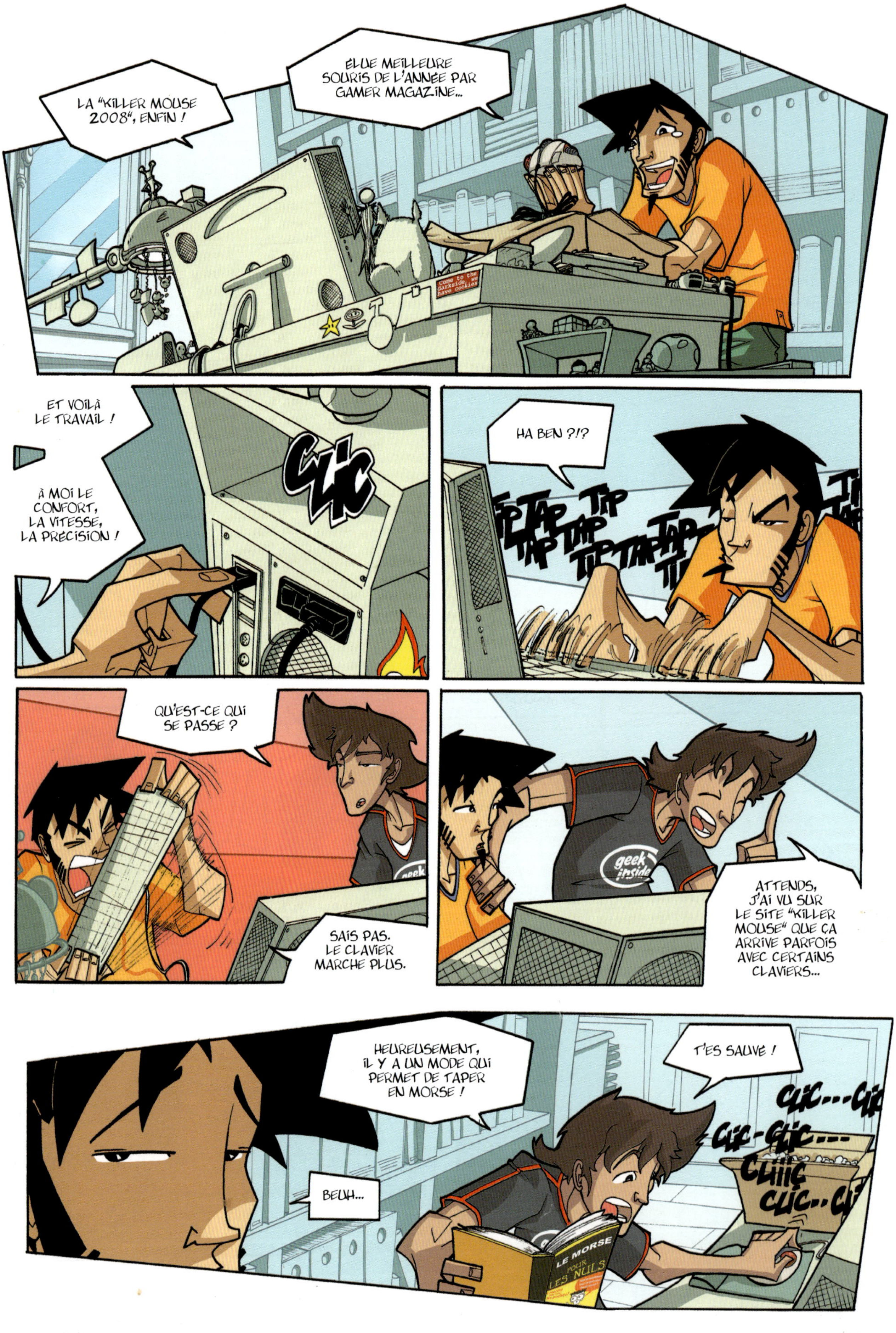
LA "KILLER MOUSE 2008", ENFIN !
ÉLUE MEILLEURE SOURIS DE L'ANNÉE PAR GAMER MAGAZINE...
ET VOILÀ LE TRAVAIL !
À MOI LE CONFORT, LA VITESSE, LA PRÉCISION !
CLIC
HA BEN ?!?
TIP TAP TIP TAP TIP TAP TAP
QU'EST-CE QUI SE PASSE ?
SAIS PAS. LE CLAVIER MARCHE PLUS.
ATTENDS, J'AI VU SUR LE SITE "KILLER MOUSE" QUE ÇA ARRIVE PARFOIS AVEC CERTAINS CLAVIERS...
HEUREUSEMENT, IL Y A UN MODE QUI PERMET DE TAPER EN MORSE !
T'ES SAUVÉ !
BEUH...
CLIC...
CLIC-CLIC...
CLIIIC
CLIC...
LE MORSE POUR LES NULS

ET MERDE ! RHAAAAA, SALOPERIE !
QU'EST-CE QUI T'ARRIVE ? ON T'ENTEND GUEULER DEPUIS LE JAPON !
UN PROBLÈME ?
CE JEU ME REND FOU ! UN POTE VIENT DE M'ENVOYER L'ADRESSE... IL A FAIT 26 ET J'ARRIVE PAS À LE BATTRE !
ÇA À L'AIR TOUT SIMPLE ! FORWARDE-LA-MOI, JE VAIS TE MONTRER...
PFFFF, VOUS FERIEZ MIEUX DE BOSSER, LE CHEF VA ENCORE VOUS ENGUEULER.
8 MINUTES PLUS TARD...
HAHA ! 28, IN YOUR FACE ! TROP FACILE.
12 MINUTES PLUS TARD...
YES, 29 !
31 ICI...
33 ! Z'ÊTES MAUVAIS, LES GARS.
HOTLINE BONJOUR, QUE PUIS-JE FAIRE POUR VOUS ?
16 MINUTES PLUS TARD...
APRÈS TOUT, PAS DE RAISON QU'IL Y AIT QUE MOI QUI BOSSE, ICI !
J'ÉTAIS UN DIEU À PACMAN, JE VAIS LEUR MONTRER, MOI !
19 MINUTES PLUS TARD...
RHAAAA... MAIS C'EST PAS POS-SIBLE !
TIP TAP TIP TAP TIP
HOP, 34 !
35, JE REPRENDS LE LEAD.
ET TU LE REPERDS DIRECT : 37 !
2 HEURES ET 11 MINUTES PLUS TARD...
YEEAAAAA-HHHHHHHH ! 38 ! HAHAHA !
HOTLINE, BONJOUR... VOUS AVEZ ESSAYÉ DE REBOOTER ?
HÉHÉ, JE VOUS AI CALMÉS, LÀ ! ON S'AGENOUILLE DEVANT LE RECORDMAN !
LE RECORDMAN DE QUOI, EXACTEMENT, HUBERT ?
EUH... SALUT, CHEF...

1010/Aïe Pod

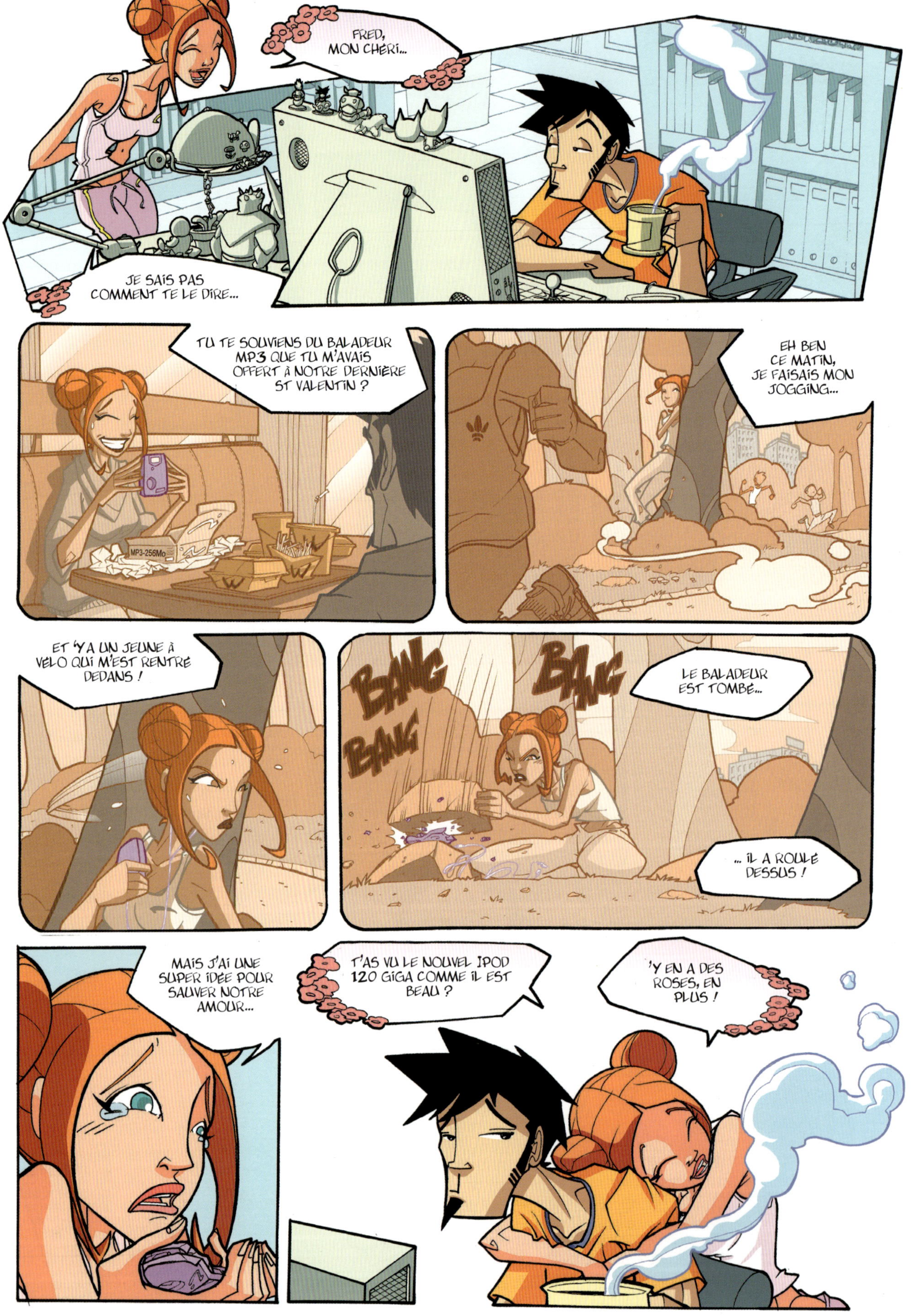

FRED, MON CHÉRI...
JE SAIS PAS COMMENT TE LE DIRE...
TU TE SOUVIENS DU BALADEUR MP3 QUE TU M'AVAIS OFFERT À NOTRE DERNIÈRE ST VALENTIN ?
MP3-256Mo
EH BEN CE MATIN, JE FAISAIS MON JOGGING...
ET 'Y A UN JEUNE À VÉLO QUI M'EST RENTRÉ DEDANS !
BANG
BANG
BANG
LE BALADEUR EST TOMBÉ...
... IL A ROULÉ DESSUS !
MAIS J'AI UNE SUPER IDÉE POUR SAUVER NOTRE AMOUR...
T'AS VU LE NOUVEL IPOD 120 GIGA COMME IL EST BEAU ?
'Y EN A DES ROSES, EN PLUS !

ET MAINTENANT, UN PEU D'ETHNOLOGIE :
LE GEEK EST-IL RÉELLEMENT PLUS ADAPTÉ À LA VIE MODERNE QUE L'HOMO VULGARUS ?
TANT QU'ILS N'ONT PAS ENCORE LES YEUX OUVERTS, C'EST DIFFICILE À DIRE...
GRUMPF... GNEJÀ ?
POURTANT, RAPIDEMENT...
TIP
C'EST LE "MODUS OPERANDI" QUI RÉVÈLE LEUR VÉRITABLE IDENTITÉ ...
BIP... BRRRRRRRRRRRR...
MAIS FINALEMENT, SUR LA QUESTION DE L'ADAPTATION...
LA LA LA POM POM POM
"AUJOURD'HUI, LE TEMPS SERA ENSOLEILLÉ SUR LA MAJEURE PARTIE DE LA FRANCE AVEC DES TEMPÉRATURES ATTEIGNANT..."
SNIF SNIF
BOF... TECHNIQUEMENT CE CAFÉ N'A QUE QUELQUES HEURES...
AUCUN DES DEUX NE SORT GAGNANT...
COOL... VA FAIRE BEAU !
ILS CROIENT L'UN COMME L'AUTRE LES PRÉVISIONS DE MÉTÉO FRANCE !
PFFF... LA PROCHAINE FOIS, J'IRAI SUR MAGRENOUILLE.COM !

HIN, HIN...
MFFFT !
BOUUUUUUUUUUH...
SALUT, FRED ! ÇA VA ?
BOF !
'Y A PAS MOYEN QU'ILS ME LÂCHENT, C'EST LOURD !
JE T'AVAIS PRÉVENU ! ON DÉCONNE PAS AVEC CES CHOSES-LÀ...
C'EST N'IMPORTE QUOI ! ENFIN, HEUREUSEMENT, TOI T'ES PLUS INTELLIGENT QUE ÇA...
MOI, C'EST PAS PAREIL, JE PEUX COMPRENDRE.
UNE ERREUR DE JEUNESSE... UN FAUX PAS... C'EST VITE ARRIVÉ.
MOI AUSSI, À UNE ÉPOQUE, J'AI EU UN MAC.

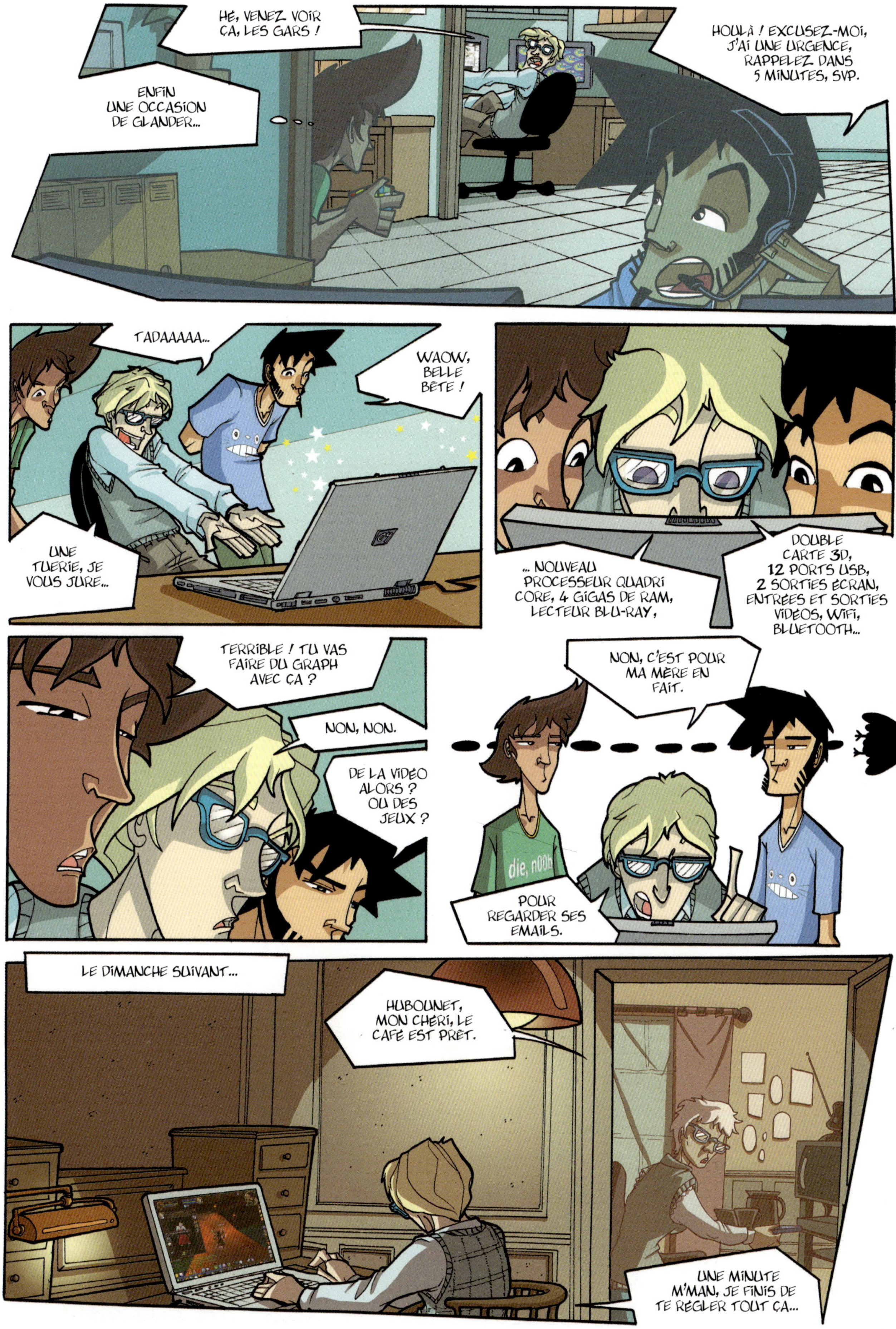
HÉ, VENEZ VOIR ÇA, LES GARS !
ENFIN UNE OCCASION DE GLANDER...
HOULÀ ! EXCUSEZ-MOI, J'AI UNE URGENCE, RAPPELEZ DANS 5 MINUTES, SVP.
TADAAAAA...
WAOW, BELLE BÊTE !
UNE TUERIE, JE VOUS JURE...
... NOUVEAU PROCESSEUR QUADRI CORE, 4 GIGAS DE RAM, LECTEUR BLU-RAY,
DOUBLE CARTE 3D, 12 PORTS USB, 2 SORTIES ÉCRAN, ENTRÉES ET SORTIES VIDÉOS, WIFI, BLUETOOTH...
TERRIBLE ! TU VAS FAIRE DU GRAPH AVEC ÇA ?
NON, NON.
DE LA VIDÉO ALORS ? OU DES JEUX ?
NON, C'EST POUR MA MÈRE EN FAIT.
POUR REGARDER SES EMAILS.
die, n00b
LE DIMANCHE SUIVANT...
HUBOUNET, MON CHÉRI, LE CAFÉ EST PRÊT.
UNE MINUTE M'MAN, JE FINIS DE TE RÉGLER TOUT ÇA...

09 10
DRING
DRING
DRING
HOTLINE DTC BONJOUR !
AVEZ-VOUS ESSAYÉ DE LE DÉBRANCHER ET DE LE REBRANCHER ENSUITE ?
HOTLINE DTC BONJOUR !
AVEZ-VOUS ESSAYÉ DE LE DÉBRANCHER ET DE LE REBRANCHER ENSUITE ?
09 27
09 54
HOTLINE DTC...
VOUS AVEZ ESSAYÉ DE LE DÉBRANCHER ET DE LE REBRANCHER ENSUITE ?
TIP
TAP
10 15
JE COMPRENDS PAS, DEPUIS CE MATIN IL ARRÊTE PAS DE PLANTER !
SIGH T'AS ESSAYÉ DE LE DÉBRANCHER ET DE LE REBRANCHER ENSUITE ?
OUAIS HOTLINE...
VOUS AVEZ ESSAYÉ DE LE DÉBRANCHER ET DE LE REBRANCHER ENSUITE ? SNIF.
10 33
11 00
OUAIS...
VINCENT, C'EST MAMAN. J'AI UNE TRÈS MAUVAISE NOUVELLE, TON ONCLE VIENT D'ÊTRE HOSPITALISÉ, IL EST DANS LE COMA...
VOUS AVEZ ESSAYÉ DE LE DÉBRANCHER ET DE... EUH...

X !
Y !
XXXXXXXXXX !
Y ! DE TOUTE FAÇON, JE SAIS QUE J'AI RAISON.
DE QUOI VOUS PARLEZ ?
J'ESSAIE D'EXPLIQUER À CET IGNARE QUE C'EST LE X-WING QUI EST LE VAISSEAU LE PLUS RAPIDE DES REBELLES, LOIN DEVANT LE Y-WING !
BIP BIP
DIS-LUI, TOI, QUE J'AI RAISON !
VOUS AVEZ TORT TOUS LES DEUX.
C'EST LE A-WING LE PLUS RAPIDE. PROPULSÉ PAR SES DEUX MOTEURS NOVALDEX J-77 □EVENT HORIZON IL PEUT ATTEINDRE LES 1.2 MGLT...
QUEL NERD, CELUI-LÀ !

10000/May the quiche be with you

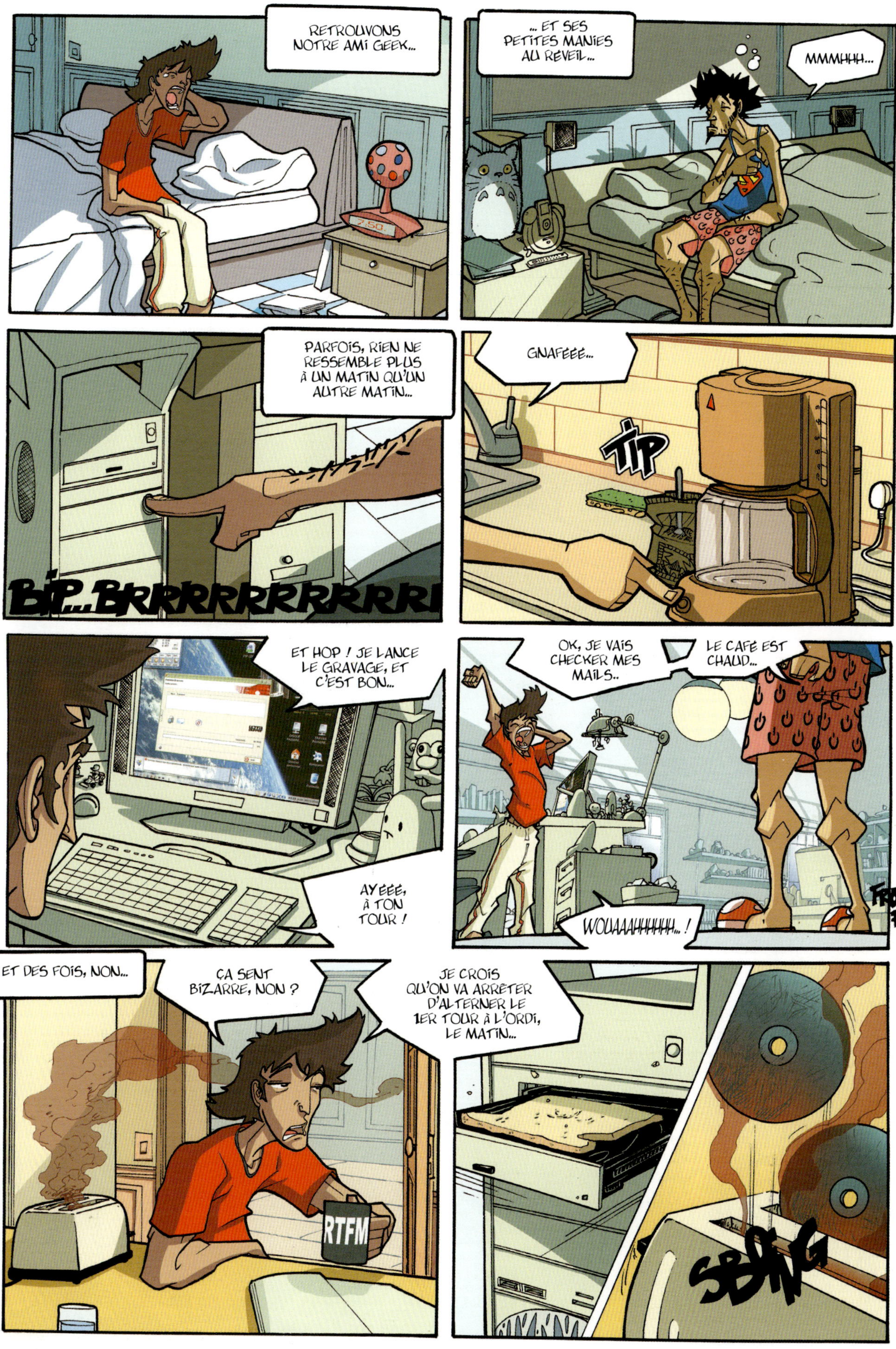
RETROUVONS NOTRE AMI GEEK...
... ET SES PETITES MANIES AU RÉVEIL...
MMMHHH...
PARFOIS, RIEN NE RESSEMBLE PLUS À UN MATIN QU'UN AUTRE MATIN...
BIP... BRRRRRRRRRRRR!
GNAFÉÉÉ...
TIP
ET HOP ! JE LANCE LE GRAVAGE, ET C'EST BON...
AYÉÉÉ, À TON TOUR !
OK, JE VAIS CHECKER MES MAILS..
LE CAFÉ EST CHAUD...
WOUAAAHHHHHH... !
FROT
FROT
ET DES FOIS, NON...
ÇA SENT BIZARRE, NON ?
RTFM
JE CROIS QU'ON VA ARRÊTER D'ALTERNER LE 1ER TOUR À L'ORDI, LE MATIN...
SBANG

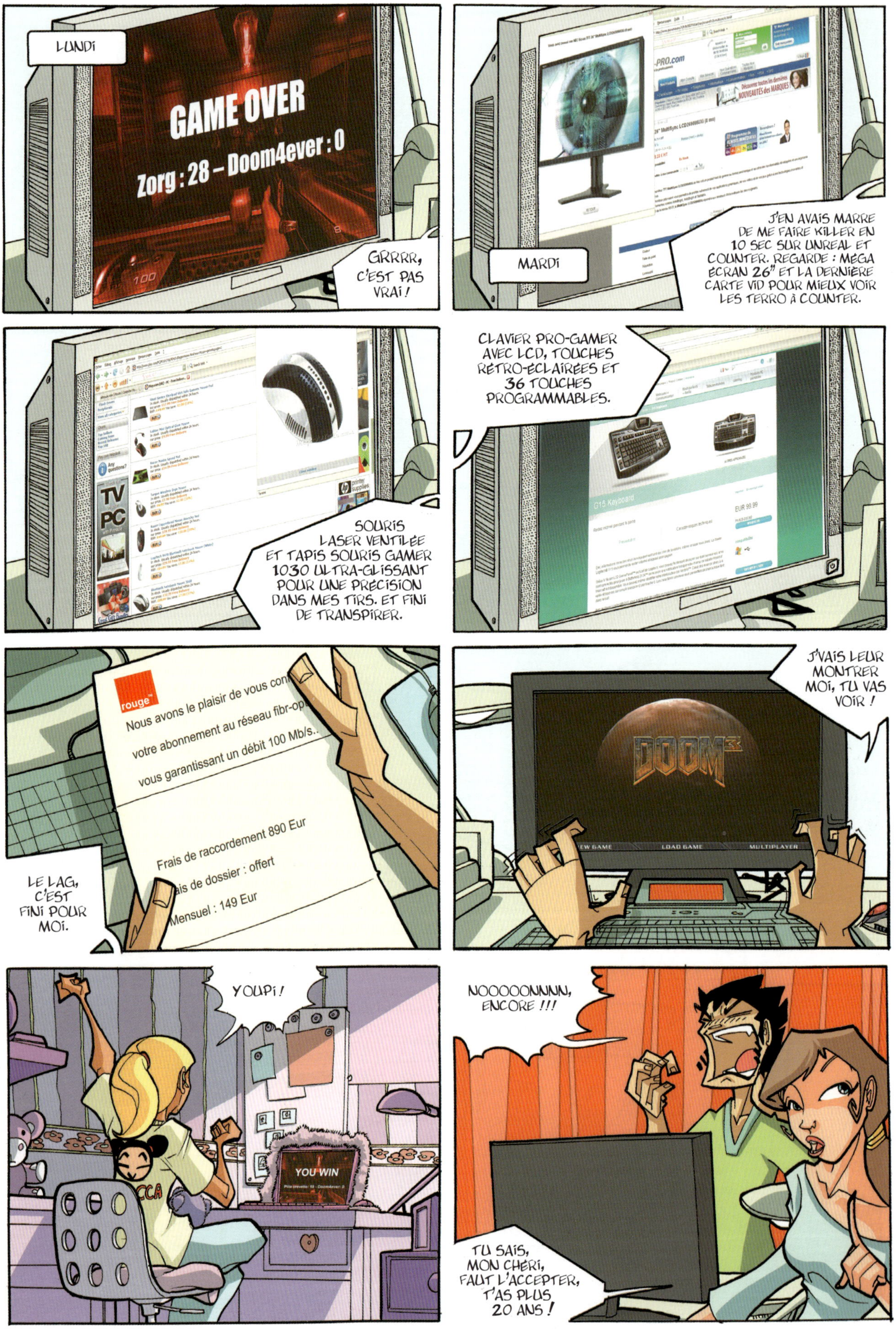
LUNDI
GAME OVER
Zorg : 28 – Doom4ever : 0
GRRRR, C'EST PAS VRAI !
MARDI
J'EN AVAIS MARRE DE ME FAIRE KILLER EN 10 SEC SUR UNREAL ET COUNTER. REGARDE : MÉGA ÉCRAN 26" ET LA DERNIÈRE CARTE VID POUR MIEUX VOIR LES TERRO À COUNTER.
SOURIS LASER VENTILÉE ET TAPIS SOURIS GAMER 1030 ULTRA-GLISSANT POUR UNE PRÉCISION DANS MES TIRS. ET FINI DE TRANSPIRER.
CLAVIER PRO-GAMER AVEC LCD, TOUCHES RÉTRO-ÉCLAIRÉES ET 36 TOUCHES PROGRAMMABLES.
rouge
Nous avons le plaisir de vous con
votre abonnement au réseau fibr-op
vous garantissant un débit 100 Mb/s..
Frais de raccordement 890 Eur
ais de dossier : offert
Mensuel : 149 Eur
LE LAG, C'EST FINI POUR MOI.
J'VAIS LEUR MONTRER MOI, TU VAS VOIR !
DOOM3
EW GAME
LOAD GAME
MULTIPLAYER
YOUPI !
YOU WIN
NOOOOONNN, ENCORE !!!
TU SAIS, MON CHÉRI, FAUT L'ACCEPTER, T'AS PLUS 20 ANS !

YOU DIED !
RHAAAAA, MAIS IL M'ÉNERVE, LUI, À ME BUTER EN BOUCLE !
COMMENT IL FAIT ?
L'HEURE DE LA REVANCHE A SONNÉ !
THE FORCE IS STRONG WITH HIM !
LA FORCE EST AVEC LUI.
OK, IL M'A ÉNERVÉ, ÇA VA CHIER !
USE YOUR AGGRESSIVE FEELINGS, BOY ! LET THE HATE FLOW THROUGH YOU !
SERS-TOI DE TES SENTIMENTS AGRESSIFS MON GARÇON, LAISSE-TOI ENVAHIR PAR LA HAINE.
LE VOILÀ... VIENS ICI, PETIT ENFOIRÉ JE VAIS TE DÉFONCER !
GOOOOD, I CAN FEEL YOUR ANGER.
TIP TAP TIP TAP
BIEEEEN, JE SENS MONTER TA COLÈRE.
TAINMERDE ! C'EST PAS VRAI ! M'A ENCORE EU, CE CON ! CHUIS BON À CE JEU POURTANT...
DIED !
YOUR FEEBLE SKILLS ARE NO MATCH FOR THE POWER OF THE DARK SIDE.
TES FAIBLES TALENTS NE FONT PAS LE POIDS FACE À LA PUISSANCE DU CÔTÉ OBSCUR.
MEEEEERDE, J'AI EXPLOSÉ MON CLAVIER.
GOOD ! YOUR HATE HAS MADE YOU POWERFUL.
BIEN ! TA HAINE T'A RENDU BEAUCOUP PLUS PUISSANT.
TU VAS VOIR, TOI, TU VAS Y GOÛTER À MON CÔTÉ OBSCUR !
A JEDI USES THE FORCE FOR KNOWLEDGE AND DEFENSE, NEVER FOR ATTACK.
UN JEDI UTILISE LA FORCE POUR LA CONNAISSANCE ET LA DÉFENSE, JAMAIS POUR L'ATTAQUE.
ARRGGNNN !
STRIKE ME DOWN WITH ALL OF YOUR HATRED, AND YOUR JOURNEY TOWARDS THE DARK SIDE WILL BE COMPLETE!
YOU DIED !
TU PEUX ME TERRASSER AVEC TOUTE LA FORCE DE TA HAINE, ET TU AURAS TERMINÉ TON VOYAGE VERS LE CÔTÉ OBSCUR.

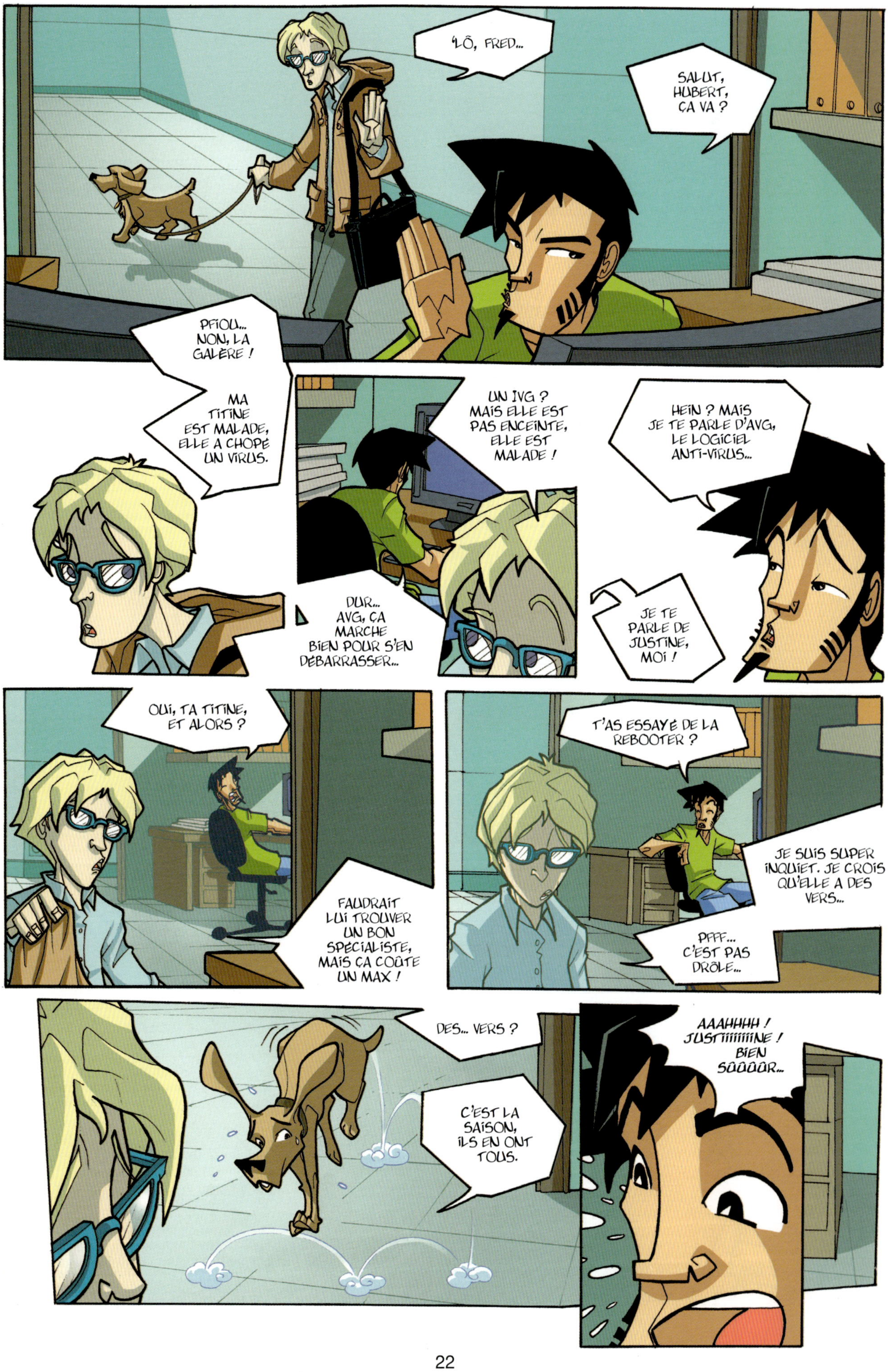
'LÔ, FRED...
SALUT, HUBERT, ÇA VA ?
PFIOU... NON, LA GALÈRE !
MA TITINE EST MALADE, ELLE A CHOPÉ UN VIRUS.
DUR... AVG, ÇA MARCHE BIEN POUR S'EN DÉBARRASSER...
UN IVG ? MAIS ELLE EST PAS ENCEINTE, ELLE EST MALADE !
HEIN ? MAIS JE TE PARLE D'AVG, LE LOGICIEL ANTI-VIRUS...
JE TE PARLE DE JUSTINE, MOI !
OUI, TA TITINE, ET ALORS ?
FAUDRAIT LUI TROUVER UN BON SPÉCIALISTE, MAIS ÇA COÛTE UN MAX !
T'AS ESSAYÉ DE LA REBOOTER ?
JE SUIS SUPER INQUIET. JE CROIS QU'ELLE A DES VERS...
PFFF... C'EST PAS DRÔLE...
DES... VERS ?
C'EST LA SAISON, ILS EN ONT TOUS.
AAAHHHH ! JUSTIIIIIIINE ! BIEN SOOOOR...

MAIS T'ES NUL !
TU T'Y PRENDS TROP MAL, C'EST POUR ÇA !
DÉJÀ, RÈGLE NUMÉRO 1...
... FAUT PAS LA BRUSQUER...
SURTOUT SI TU FAIS ÇA SUR TON BUREAU !
SUR UN TAPIS PAR EXEMPLE C'EST PLUS SOFT...
... ÇA PASSE MIEUX EN GÉNÉRAL.
ET SURTOUT, JAMAIS OUBLIER L'ESPÈCE DE PETIT BOUTON AU MILIEU.
TRÈS UTILE POUR UN RÉSULTAT EFFICACE...
MAIS LÀ, IL FAUT Y ALLER DOUCEMENT, HEIN ?
UNE SIMPLE CARESSE...
... SINON ÇA VA TROP VITE.
ET APRÈS, TU PERDS LE CONTRÔLE.
C'EST DÉLICAT TU SAIS...
... UNE SOURIS SANS FIL !

08 01
DRING DRING DRING
'Y EN A QUI PERDENT PAS DE TEMPS...
OUI BONJOUR, JE VIENS DE METTRE À JOUR LA PAGE SUR LE SITE DE GESTION DES STOCKS, ET ÇA AFFICHE ENCORE LES ANCIENNES VALEURS.
C'EST NORMAL. VOTRE NAVIGATEUR A GARDÉ LES ANCIENNES VALEURS DANS SON CACHE ET IL FAUT LE FORCER À LES METTRE À JOUR.
RTFM
IL FAUT APPUYER SUR SHIFT ET EN MÊME TEMPS CLIQUER SUR L'ICÔNE "REFRESH". VOUS GARDEZ BIEN LA TOUCHE SHIFT ENFONCÉE SURTOUT.
RTFM
ÇA MARCHE ! MERCI BEAUCOUP !
17 59
DRING DRING
BEN DÉCIDÉMENT, ILS VONT JAMAIS ME LÂCHER AUJOURD'HUI !
BONSOIR, C'EST LA DAME DE CE MATIN. JE DOIS RENTRER CHEZ MOI MAINTENANT. JE PEUX ARRÊTER D'APPUYER SUR SHIFT ?

BIP BIP
ENFIN...
BIP BIP
SALUT NICO, TOUJOURS PREMIER AU CAFÉ, JE VOIS.
IL Y A DES CHOSES QUI N'ATTENDENT PAS.
Fraggertue
DITES-MOI QU'ELLE MARCHE SINON JE TUE QUELQU'UN !
ELLE MARCHE.
OUF !
SALUT, LA COMPAGNIE !
BIP BIP
BIP BIP
CLASSE, TON T-SHIRT, HUBERT...
OUAIS, ÇA CALME !
C'EST TA GRAND-MÈRE QUI TE L'A OFFERT ?
HAHAHA !
BAH QUOI ???
SALUT, LES GARS ! VOUS SAVEZ QUOI ? 'Y A LA GLOUBIBOULGA NIGHT AU ZÉNITH LE MOIS PROCHAIN ! JE VAIS RÉSERVER, VOUS VOULEZ DES PLACES ?
CLAIR !
SÛR !
GRAVE !
geek inside

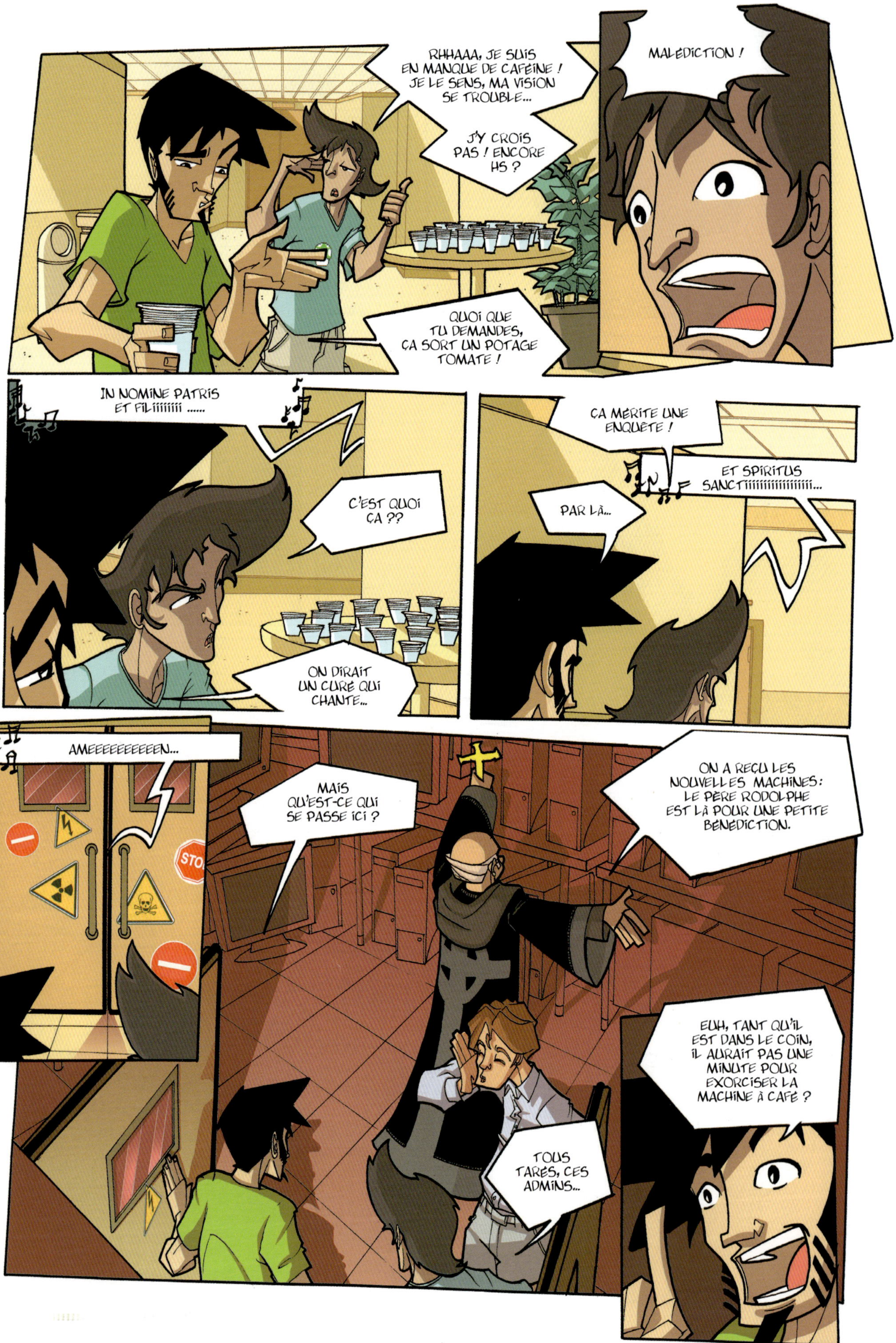
RHHAAA, JE SUIS EN MANQUE DE CAFÉINE ! JE LE SENS, MA VISION SE TROUBLE...
J'Y CROIS PAS ! ENCORE HS ?
QUOI QUE TU DEMANDES, ÇA SORT UN POTAGE TOMATE !
MALÉDICTION !
IN NOMINE PATRIS ET FILIIIIIIIII ......
C'EST QUOI ÇA ??
ON DIRAIT UN CURÉ QUI CHANTE...
ÇA MÉRITE UNE ENQUÊTE !
ET SPIRITUS SANCTIIIIIIIIIIIIIIIIII...
PAR LÀ...
AMEEEEEEEEEEN...
MAIS QU'EST-CE QUI SE PASSE ICI ?
ON A REÇU LES NOUVELLES MACHINES: LE PÈRE RODOLPHE EST LÀ POUR UNE PETITE BÉNÉDICTION.
EUH, TANT QU'IL EST DANS LE COIN, IL AURAIT PAS UNE MINUTE POUR EXORCISER LA MACHINE À CAFÉ ?
TOUS TARÉS, CES ADMINS...

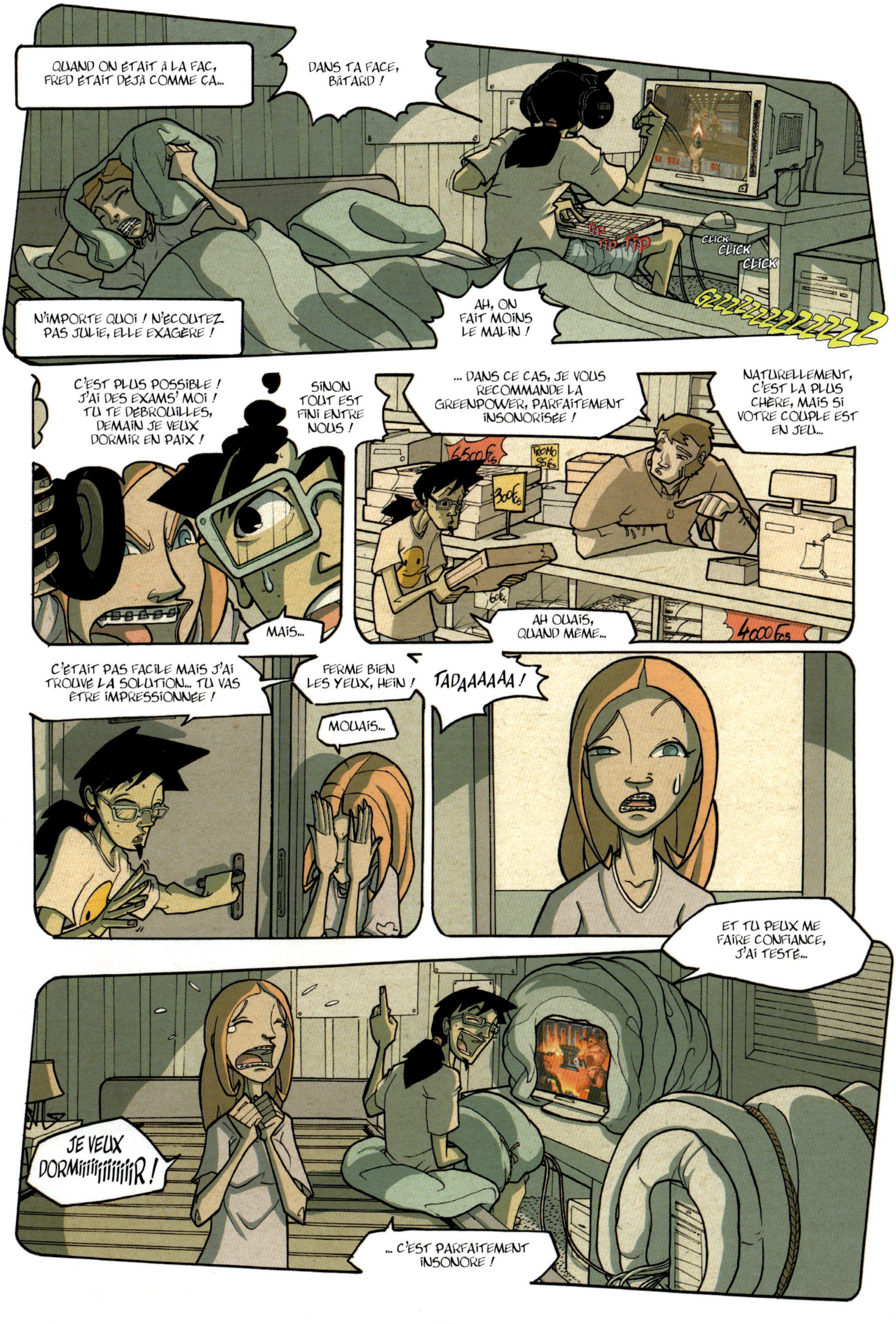
QUAND ON ÉTAIT À LA FAC, FRED ÉTAIT DÉJÀ COMME ÇA...
DANS TA FACE, BÂTARD !
TIP TIP TIP
CLICK CLICK CLICK
GZZZZZZZZZZZZZZ
N'IMPORTE QUOI ! N'ÉCOUTEZ PAS JULIE, ELLE EXAGÈRE !
AH, ON FAIT MOINS LE MALIN !
C'EST PLUS POSSIBLE ! J'AI DES EXAMS' MOI ! TU TE DÉBROUILLES, DEMAIN JE VEUX DORMIR EN PAIX !
SINON TOUT EST FINI ENTRE NOUS !
MAIS...
... DANS CE CAS, JE VOUS RECOMMANDE LA GREENPOWER, PARFAITEMENT INSONORISÉE !
NATURELLEMENT, C'EST LA PLUS CHÈRE, MAIS SI VOTRE COUPLE EST EN JEU...
AH OUAIS, QUAND MÊME...
C'ÉTAIT PAS FACILE MAIS J'AI TROUVÉ LA SOLUTION... TU VAS ÊTRE IMPRESSIONNÉE !
FERME BIEN LES YEUX, HEIN !
MOUAIS...
TADAAAAAA !
ET TU PEUX ME FAIRE CONFIANCE, J'AI TESTÉ...
JE VEUX DORMiiiiiiiiiiiR !
... C'EST PARFAITEMENT INSONORE !

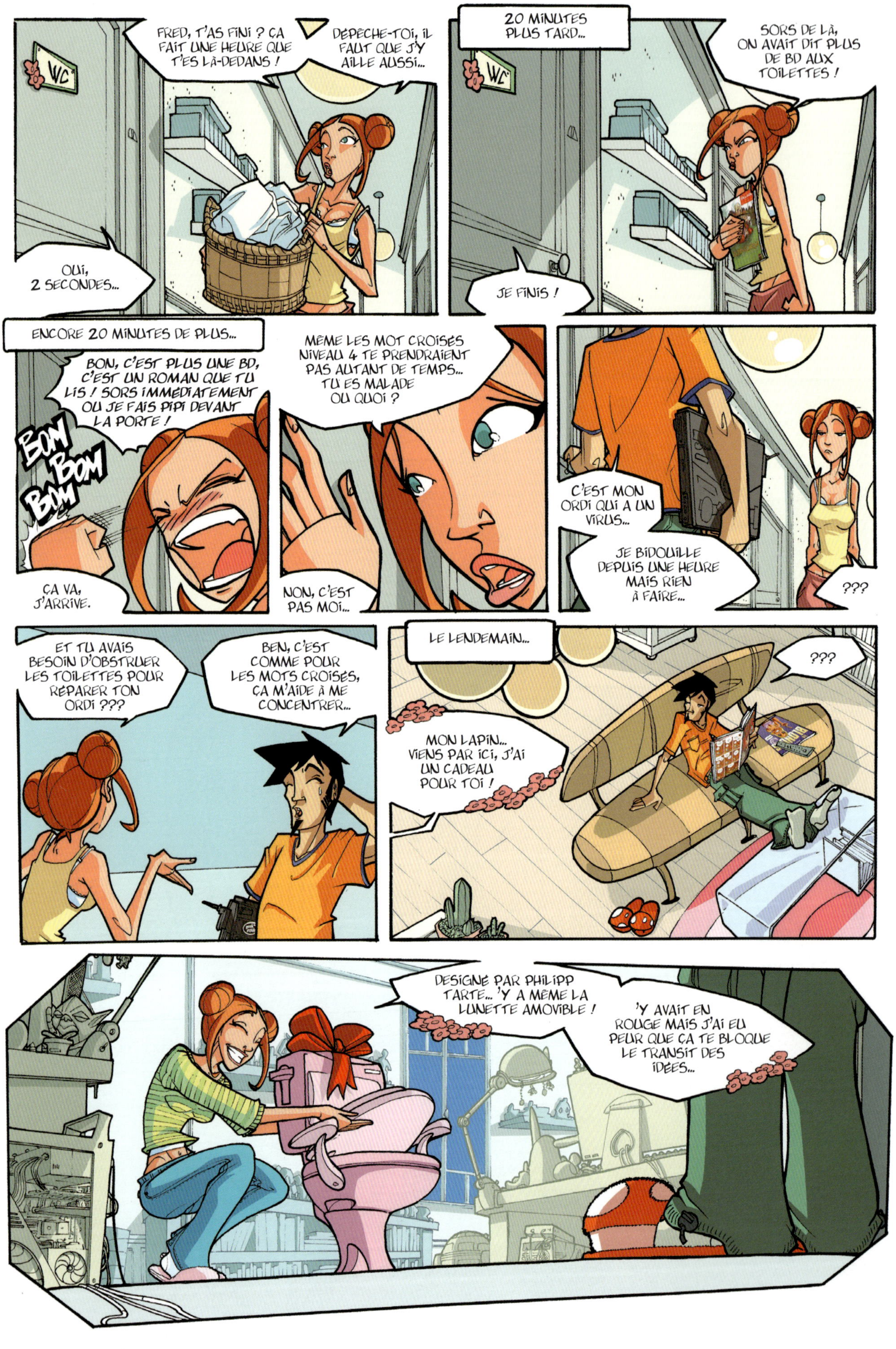
FRED, T'AS FINI ? ÇA FAIT UNE HEURE QUE T'ES LÀ-DEDANS !
DÉPÊCHE-TOI, IL FAUT QUE J'Y AILLE AUSSI...
WC
OUI, 2 SECONDES...
20 MINUTES PLUS TARD...
SORS DE LÀ, ON AVAIT DIT PLUS DE BD AUX TOILETTES !
JE FINIS !
ENCORE 20 MINUTES DE PLUS...
BON, C'EST PLUS UNE BD, C'EST UN ROMAN QUE TU LIS ! SORS IMMÉDIATEMENT OU JE FAIS PIPI DEVANT LA PORTE !
BOM BOM BOM
ÇA VA, J'ARRIVE.
MÊME LES MOT CROISÉS NIVEAU 4 TE PRENDRAIENT PAS AUTANT DE TEMPS... TU ES MALADE OU QUOI ?
NON, C'EST PAS MOI...
C'EST MON ORDI QUI A UN VIRUS...
JE BIDOUILLE DEPUIS UNE HEURE MAIS RIEN À FAIRE...
???
ET TU AVAIS BESOIN D'OBSTRUER LES TOILETTES POUR RÉPARER TON ORDI ???
BEN, C'EST COMME POUR LES MOTS CROISÉS, ÇA M'AIDE À ME CONCENTRER...
LE LENDEMAIN...
???
MON LAPIN... VIENS PAR ICI, J'AI UN CADEAU POUR TOI !
DESIGNÉ PAR PHILIPP TARTE... 'Y A MÊME LA LUNETTE AMOVIBLE !
'Y AVAIT EN ROUGE MAIS J'AI EU PEUR QUE ÇA TE BLOQUE LE TRANSIT DES IDÉES...

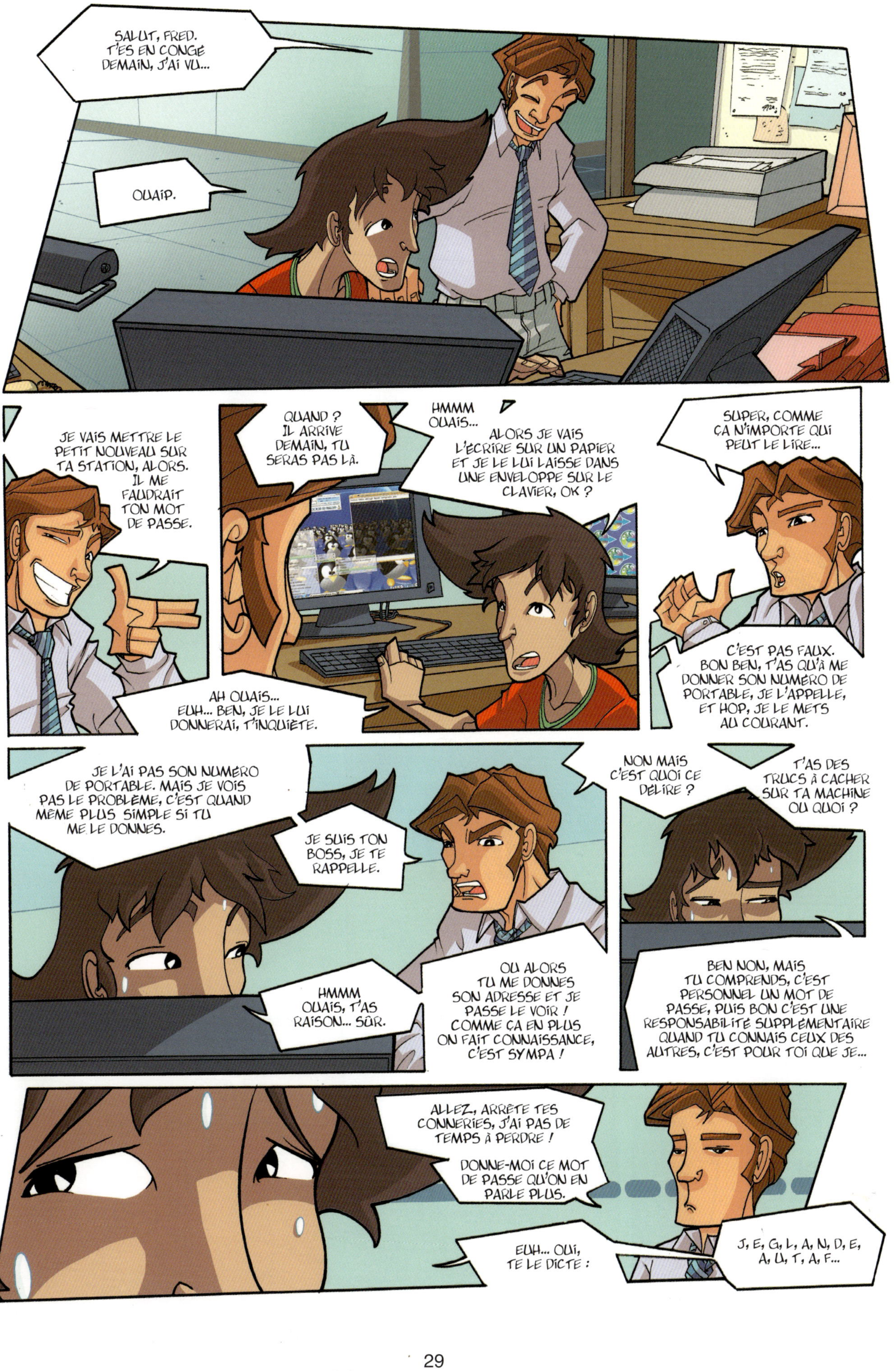
SALUT, FRED. T'ES EN CONGÉ DEMAIN, J'AI VU...
OUAIP.
JE VAIS METTRE LE PETIT NOUVEAU SUR TA STATION, ALORS. IL ME FAUDRAIT TON MOT DE PASSE.
AH OUAIS... EUH... BEN, JE LE LUI DONNERAI, T'INQUIÈTE.
QUAND ? IL ARRIVE DEMAIN, TU SERAS PAS LÀ.
HMMM OUAIS...
ALORS JE VAIS L'ÉCRIRE SUR UN PAPIER ET JE LE LUI LAISSE DANS UNE ENVELOPPE SUR LE CLAVIER, OK ?
SUPER, COMME ÇA N'IMPORTE QUI PEUT LE LIRE...
C'EST PAS FAUX. BON BEN, T'AS QU'À ME DONNER SON NUMÉRO DE PORTABLE, JE L'APPELLE, ET HOP, JE LE METS AU COURANT.
JE L'AI PAS SON NUMÉRO DE PORTABLE. MAIS JE VOIS PAS LE PROBLÈME, C'EST QUAND MÊME PLUS SIMPLE SI TU ME LE DONNES.
JE SUIS TON BOSS, JE TE RAPPELLE.
HMMM OUAIS, T'AS RAISON... SÛR.
OU ALORS TU ME DONNES SON ADRESSE ET JE PASSE LE VOIR ! COMME ÇA EN PLUS ON FAIT CONNAISSANCE, C'EST SYMPA !
NON MAIS C'EST QUOI CE DÉLIRE ?
T'AS DES TRUCS À CACHER SUR TA MACHINE OU QUOI ?
BEN NON, MAIS TU COMPRENDS, C'EST PERSONNEL UN MOT DE PASSE, PUIS BON C'EST UNE RESPONSABILITÉ SUPPLÉMENTAIRE QUAND TU CONNAIS CEUX DES AUTRES, C'EST POUR TOI QUE JE...
ALLEZ, ARRÊTE TES CONNERIES, J'AI PAS DE TEMPS À PERDRE !
DONNE-MOI CE MOT DE PASSE QU'ON EN PARLE PLUS.
EUH... OUI, TE LE DICTE :
J, E, G, L, A, N, D, E, A, U, T, A, F...

C'EST DONC TOI LE FAMEUX FRED DONT JULIE PARLE TOUT LE TEMPS...
TU FAIS QUOI DANS LA VIE ?
BOUCHER.
BOUCHER ?
HUMOUR D'INFORMATICIEN...
CH'EST CHURTOUT QUE QUAND TU AVOUES QUE TU ES INFORMATICHIEN, LES ENNUIS COMMENCHENT !
DÈS QUE ÇA A DES BOUTONS...
ALLÔ, FRED ? J'ARRIVE PAS À VOIR LA PHOTO QU'ON M'A ENVOYÉ SUR MON MOBILE !
... UN ÉCRAN...
ALLÔ, FRED ? C'EST TATIE HUGUETTE, LA TV MARCHE PLUS !
... VOIRE JUSTE UNE PRISE ÉLECTRIQUE...
FRED, TU T'Y CONNAIS EN LAVE-VAISSELLE ?
C'EST TOI QU'ON APPELLE.
DARTY
ALORS, À FORCE, T'AS L'IMPRESSION DE PASSER TES WEEK-ENDS À FAIRE LA HOTLINE POUR DARTY.
ET TOI ? TU FAIS QUOI DANS LA VIE ?
OPHTALMO.
AH ?
BEN, ÇA TOMBE BIEN !
JE VIENS DE PASSER 18 HEURES NON-STOP SUR MON ÉCRAN, ET ÇA ME FAIT SUPER MAL AU NERF OPTIQUE.
'Y AURAIT UN TRUC À FAIRE ?

ET MEEEERDE !
FRRRR...
ET MEEEERDE !
FRRRR...
P'TAIN, 'Y A TOUT QUI CRAME !
P'TAIN, MON ORDI !
ALLÔ ? POMPIERS ?
ILS ONT MÊME PAS MIS LEUR ADRESSE MAIL !
Au feu ! Au feu !
5 rue du loup,
3e étage gauche.
A l'aide !

FRED, IL FAUT QU'ON PARLE !
JE NE VEUX PAS PASSER POUR TA MÈRE, MAIS ÇA SERAIT BIEN QUE TU RANGES UN PEU TON BAZAR.
TON BUREAU PAR EXEMPLE, ON VOIT MÊME PLUS LA COULEUR DU BOIS.
IL EST MARRON...
PEU IMPORTE ! J'AI DÉCIDÉ DE T'AIDER. ON VA JOUER AU JEU DU DÉMÉNAGEMENT.
TU CHOISIS SUR TON BUREAU 5 TRUCS QUE TU VEUX GARDER.
LE RESTE... POUBELLE !
TURBO RANGEMENT !
GNIIIIII...
VOILÀ, ON Y VOIT PLUS CLAIR MAINTENANT.
MAIS PUISQUE TU EN PARLES...
TURBO RANGEMENT !

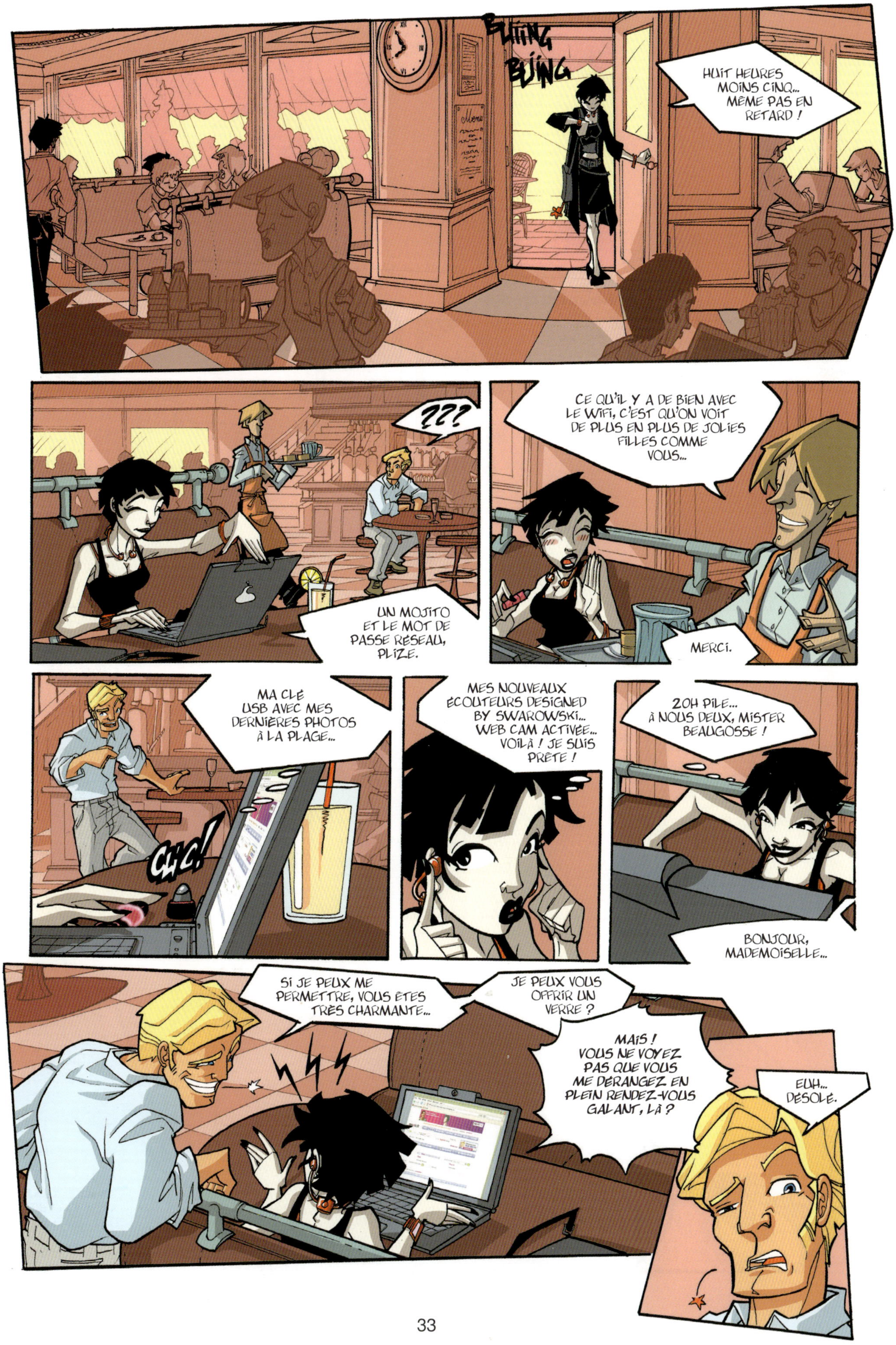
BLIING
BLING
HUIT HEURES MOINS CINQ... MÊME PAS EN RETARD !
???
UN MOJITO ET LE MOT DE PASSE RÉSEAU, PLIZE.
CE QU'IL Y A DE BIEN AVEC LE WIFI, C'EST QU'ON VOIT DE PLUS EN PLUS DE JOLIES FILLES COMME VOUS...
MERCI.
MA CLÉ USB AVEC MES DERNIÈRES PHOTOS À LA PLAGE...
CLIC!
MES NOUVEAUX ÉCOUTEURS DESIGNED BY SWAROWSKI... WEB CAM ACTIVÉE... VOILÀ ! JE SUIS PRÊTE !
20H PILE... À NOUS DEUX, MISTER BEAUGOSSE !
BONJOUR, MADEMOISELLE...
SI JE PEUX ME PERMETTRE, VOUS ÊTES TRÈS CHARMANTE...
JE PEUX VOUS OFFRIR UN VERRE ?
MAIS ! VOUS NE VOYEZ PAS QUE VOUS ME DÉRANGEZ EN PLEIN RENDEZ-VOUS GALANT, LÀ ?
EUH... DÉSOLÉ.

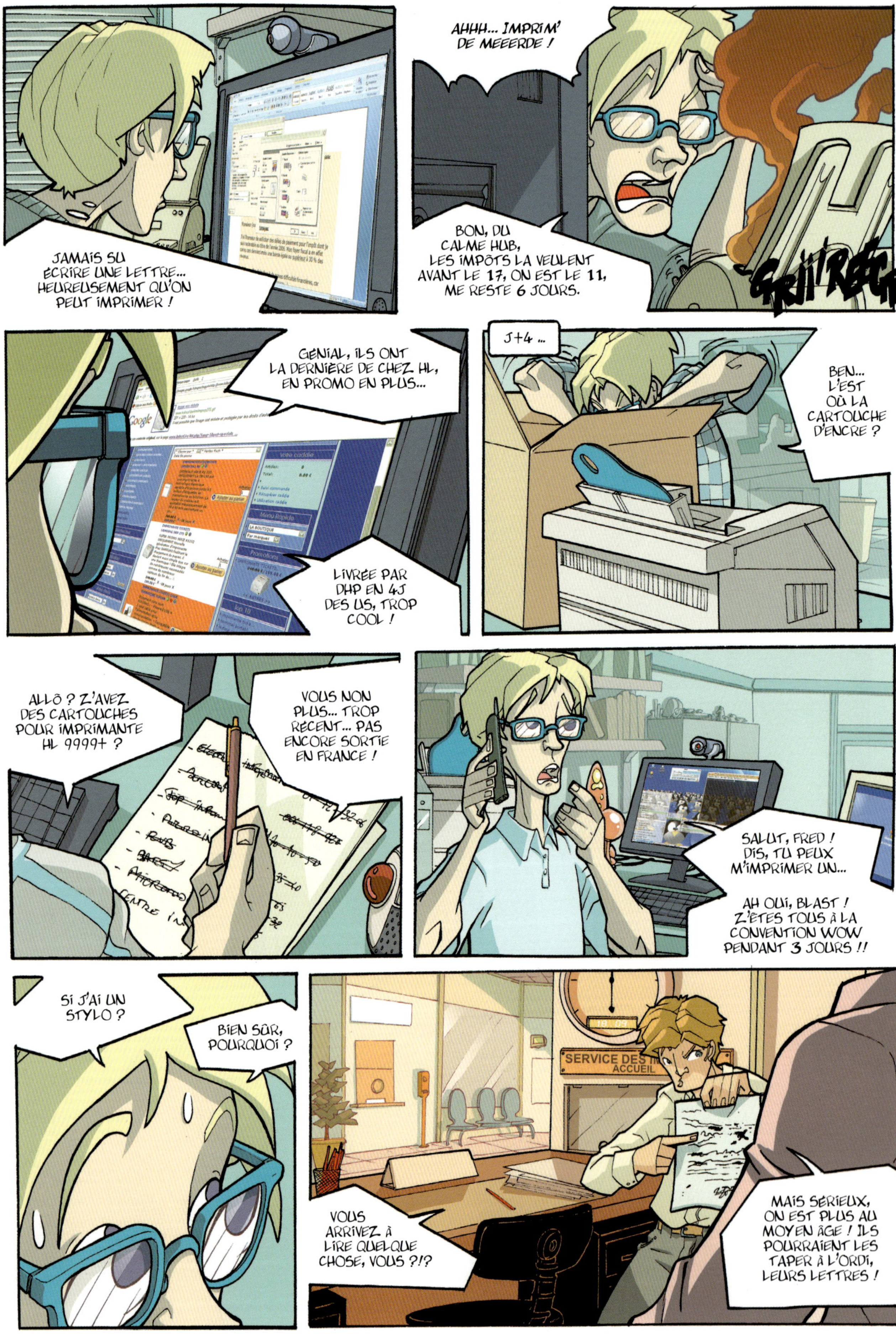
JAMAIS SU ÉCRIRE UNE LETTRE... HEUREUSEMENT QU'ON PEUT IMPRIMER !
AHHH... IMPRIM' DE MEEERDE !
BON, DU CALME HUB, LES IMPÔTS LA VEULENT AVANT LE 17, ON EST LE 11, ME RESTE 6 JOURS.
GENIAL, ILS ONT LA DERNIÈRE DE CHEZ HL, EN PROMO EN PLUS...
LIVRÉE PAR DHP EN 4J DES US, TROP COOL !
J+4 ...
BEN... L'EST OÙ LA CARTOUCHE D'ENCRE ?
ALLÔ ? Z'AVEZ DES CARTOUCHES POUR IMPRIMANTE HL 9999+ ?
VOUS NON PLUS... TROP RÉCENT... PAS ENCORE SORTIE EN FRANCE !
SALUT, FRED ! DIS, TU PEUX M'IMPRIMER UN...
AH OUI, BLAST ! Z'ÊTES TOUS À LA CONVENTION WOW PENDANT 3 JOURS !!
SI J'AI UN STYLO ?
BIEN SÛR, POURQUOI ?
SERVICE DES I
ACCUEIL
VOUS ARRIVEZ À LIRE QUELQUE CHOSE, VOUS ?!?
MAIS SÉRIEUX, ON EST PLUS AU MOYEN ÂGE ! ILS POURRAIENT LES TAPER À L'ORDI, LEURS LETTRES !

COMMENT ÇA, MOT DE PASSE ERRONE ?!
JE REFAIS : F-R-E-D-A-M-O-U-R
PFFFFF, N'IMPORTE QUOI.
FREEEEED !
QU'EST-CE QU'IL Y A ?
BEN, ÇA MARCHE PAS. IL ME DIT "MOT DE PASSE ERRONE".
C'EST LE MÊME QUE D'HABITUDE ?
TIP TIPTAP
BEN, OUI !
BEN SI, TU VOIS, ÇA MARCHE...
MAIS C'EST EXACTEMENT CE QUE JE VIENS DE FAIRE !
DEUX FOIS !
TSS, C'EST QUAND MÊME PAS TRÈS COMPLIQUE...
GRMBL GRMBL...
LE SOIR...
ALORS, CHOISISSEZ LE PROGRAMME, C'EST FAIT...
TIP
ET APPUYEZ SUR MARCHE, HOP, VOILÀ.
?!?
TIP TIP TIP TIP
JULIiiiiIIE !

Heineken
Heineken
ET MEEEERDE !
WAOW, TROP COOL !

TU RÉALISES PAS ! COMMENT ON FAISAIT AVANT ? JE ME LE DEMANDE !
JUSTE AVEC UN ORDI, ON A LA PLANÈTE À PORTÉE DE MAIN SANS SE DÉPLACER !
MMMHH...
ON PEUT REGARDER LA TÉLÉ, JOUER AUX CARTES...
PAPOTER SUR MSN, REGARDER SES PHOTOS DE VACANCES OU MATER UN FILM...
MAIS C'EST L'AVENIR !
OUI, MAIS C'EST PARFOIS UN PEU COMPLIQUÉ QUAND MÊME...
IL SUFFIT DE S'Y METTRE, C'EST SIMPLE.
REFUSER L'INFORMATIQUE, C'EST VOULOIR VIVRE DANS UNE ÉPOQUE RÉVOLUE, C'EST TOUT !
KILL BILL
OK, OK... ET À PROPOS DE FILM, ON DEVAIT PAS SE REGARDER KILL BILL ?
TOUT DE SUITE !
CLIC
ALORS JE PASSE EN MODE TV VIDÉO, J'AI MIS LE 5.1... ET... NON ?...
AH MINCE, J'AI OUBLIÉ DE RELIER MON PC À L'AMPLI AVEC LE CÂBLE AV... VOILÀ !...
HUM, TOUJOURS PAS...
CHUIS CON ! SUFFIT QUE JE PASSE PAR LA NETBOX ! BON JE RECOMMENCE...
BON, MAIS LÀ, IL VA MANQUER LE SON... LE RACCORD VGA, IL EST OÙ ?
ET LÀ, TU VOIS QUELQUE CHOSE SUR L'ÉCRAN ?
NON ?... TOUJOURS PAS ?
CHOUPINETTE ?
RRRRONFLLLLL

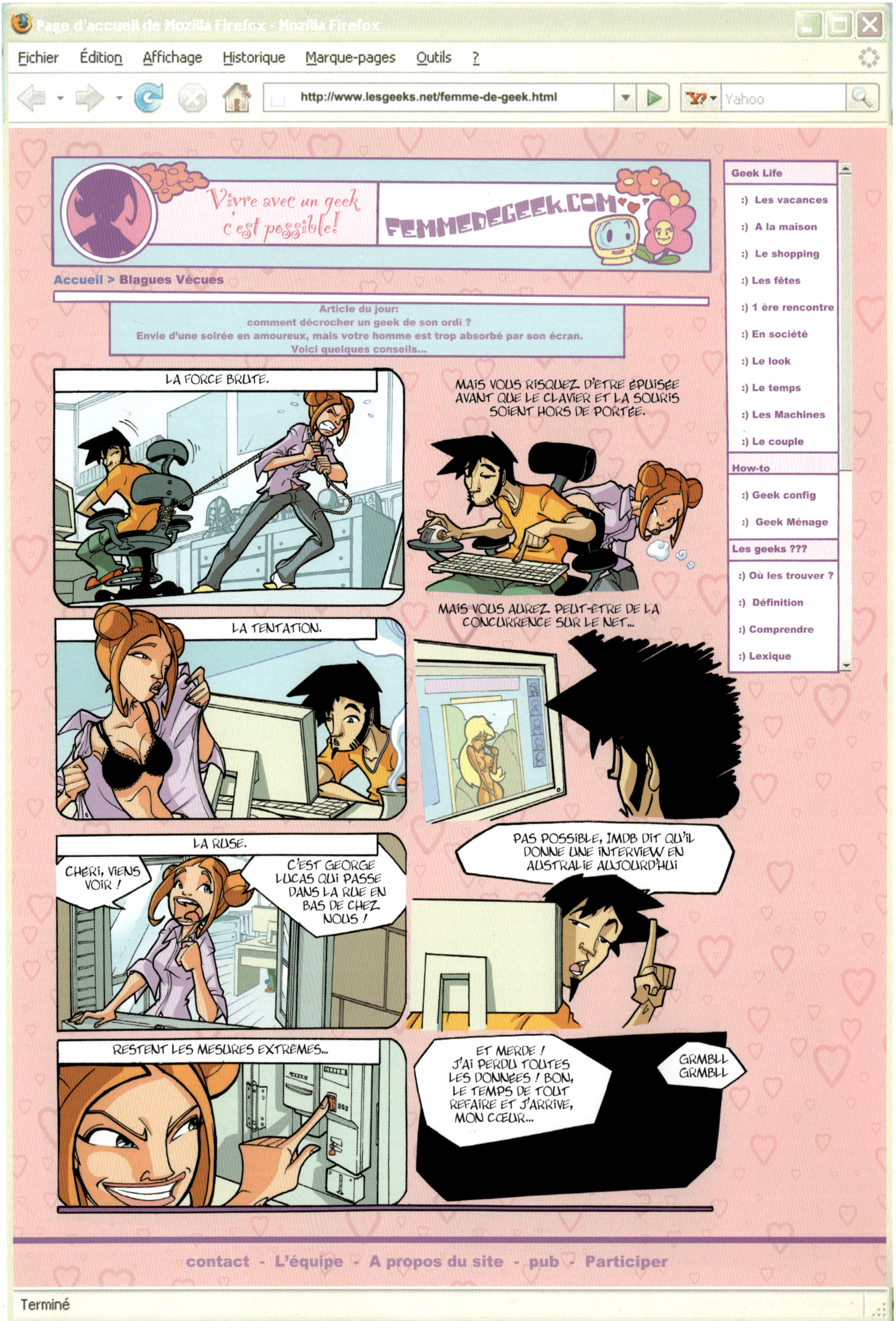
Page d'accueil de Mozilla Firefox - Mozilla Firefox
Fichier Édition Affichage Historique Marque-pages Outils ?
http://www.lesgeeks.net/femme-de-geek.html
Yahoo
Vivre avec un geek c'est possible!
FEMMEDEGEEK.COM
Accueil > Blagues Vécues
Article du jour:
comment décrocher un geek de son ordi ?
Envie d'une soirée en amoureux, mais votre homme est trop absorbé par son écran.
Voici quelques conseils...
Geek Life
:) Les vacances
:) A la maison
:) Le shopping
:) Les fêtes
:) 1 ère rencontre
:) En société
:) Le look
:) Le temps
:) Les Machines
:) Le couple
How-to
:) Geek config
:) Geek Ménage
Les geeks ???
:) Où les trouver ?
:) Définition
:) Comprendre
:) Lexique
LA FORCE BRUTE.
MAIS VOUS RISQUEZ D'ÊTRE ÉPUISÉE AVANT QUE LE CLAVIER ET LA SOURIS SOIENT HORS DE PORTÉE.
LA TENTATION.
MAIS VOUS AUREZ PEUT-ÊTRE DE LA CONCURRENCE SUR LE NET...
LA RUSE.
CHÉRI, VIENS VOIR !
C'EST GEORGE LUCAS QUI PASSE DANS LA RUE EN BAS DE CHEZ NOUS !
PAS POSSIBLE, IMDB DIT QU'IL DONNE UNE INTERVIEW EN AUSTRALIE AUJOURD'HUI
RESTENT LES MESURES EXTRÊMES...
ET MERDE ! J'AI PERDU TOUTES LES DONNÉES ! BON, LE TEMPS DE TOUT REFAIRE ET J'ARRIVE, MON CŒUR...
GRMBLL GRMBLL
contact - L'équipe - A propos du site - pub - Participer
Terminé

LEXIQUE DES GEEKS

Câble AV :
Permet de relier 2 appareils audio/vidéo entre eux.
Vient du fait qu'une fois le câble branché, on s'exclame :
«Ah ! Voui !»

Cache :
Cache. Mouahahaha.

Carrie Fisher :
Cherchez sur IMDB.

Fraggeur :
Qui fragge.

Fragger :
Tue.

Giga :
Abréviation de Gigabit, unité de mesure de volume de données informatiques qui paraîtra ridiculement petite dans 2 ans.

Gloubiboulga Night :
Soirée sponsorisée par Casimir réunissant les fans de dessins animés des années 80.
C'est le pays joyeux des enfants heureux de l'époque où on croyait que Mac allait être le standard universel.

IMDB : Internet Movie DataBase.
Site web bible des geeks cinéfiles. Vous permet par exemple de trouver tous les films dans lesquels Carrie Fisher a joué.

Lag :
Ennemi du fraggeur. Latence dans les échanges de données sur le réseau.
En français, c'est quand ça rame à mort. Excuse préférée des joueurs de mmorpg : *«ouais mais y a eu du lag, j'ai rien pu faire !»*

Lecteur BluRay :
Format de disque de données nouvelle génération qui devrait supplanter le DVD. Aussi utilisé pour certains sabres laser.
Le Bluray est au HD-DVD ce que la VHS était au Betamax. Et de toute façon, le Rayon Bleu, on dirait une chanson de Disney.

MP3 :
Format d'encodage audio permettant de faire tenir sur un CD l'équivalent de 10 albums de musique.
Pour ceux qui ne savent pas ce qu'est l'encodage, y'a rien de cochon mais il faudra attendre le lexique du tome 2.

Palpatine :
Incarnation du Mal dans Star Wars à la carrière politique brillante.
Sénateur puis empereur.
Il est à Anakin Skywalker ce que le serpent est à Eve.

Processeur quadricore :
C'est le plus fort (en attendant l'hexacore) ! Terme à utiliser pour épater la galerie de vos copains geeks.
Exemple: *«Ouais hier j'ai revu Jurassic Park, ben les quadricornes, ils fraggent !»*

Raccord VGA :
Sortie vidéo standard pour un ordinateur, bientôt remplacée par le HDMI, forcément mieux puisqu'il y a une lettre de plus.

Rebooter :
Consiste à éteindre puis rallumer son ordinateur. Première étape scientifiquement recommandée de tout diagnostic informatique quand quelque chose ne marche pas. D'où l'expression: *«Bill Gates, on a envie de lui booter et de lui rebooter le cul.»*

Refresh :
Permet de ré-afficher une page sans aller la piocher dans le cache.
Vous savez, l'endroit où votre navigateur garde certaines données temporairement.

WIFI :
Protocole d'échange de données sans fil qui ne veut strictement rien dire.
Contrairement a l'idée reçue,WIFI n'est pas un acronyme, mais un éternuement féminin.
(Pour ceux qui ne savent pas ce qu'est un acronyme, il faudra acheter un dictionnaire)

Je parle *geek* : traduisez les phrases suivantes.

1) Hier soir à la Gloubiboulga night, Fred m'a dit qu'il avait dû rebooter son quadricore car il avait du lag en WIFI quand il fragguait.

2) J'ai téléchargé 800 gigas de MP3 et la biographie de Palpatine sur IMDB que je vais graver sur mon lecteur bluray.

Postez vos réponses sur
www.lesgeeks.net

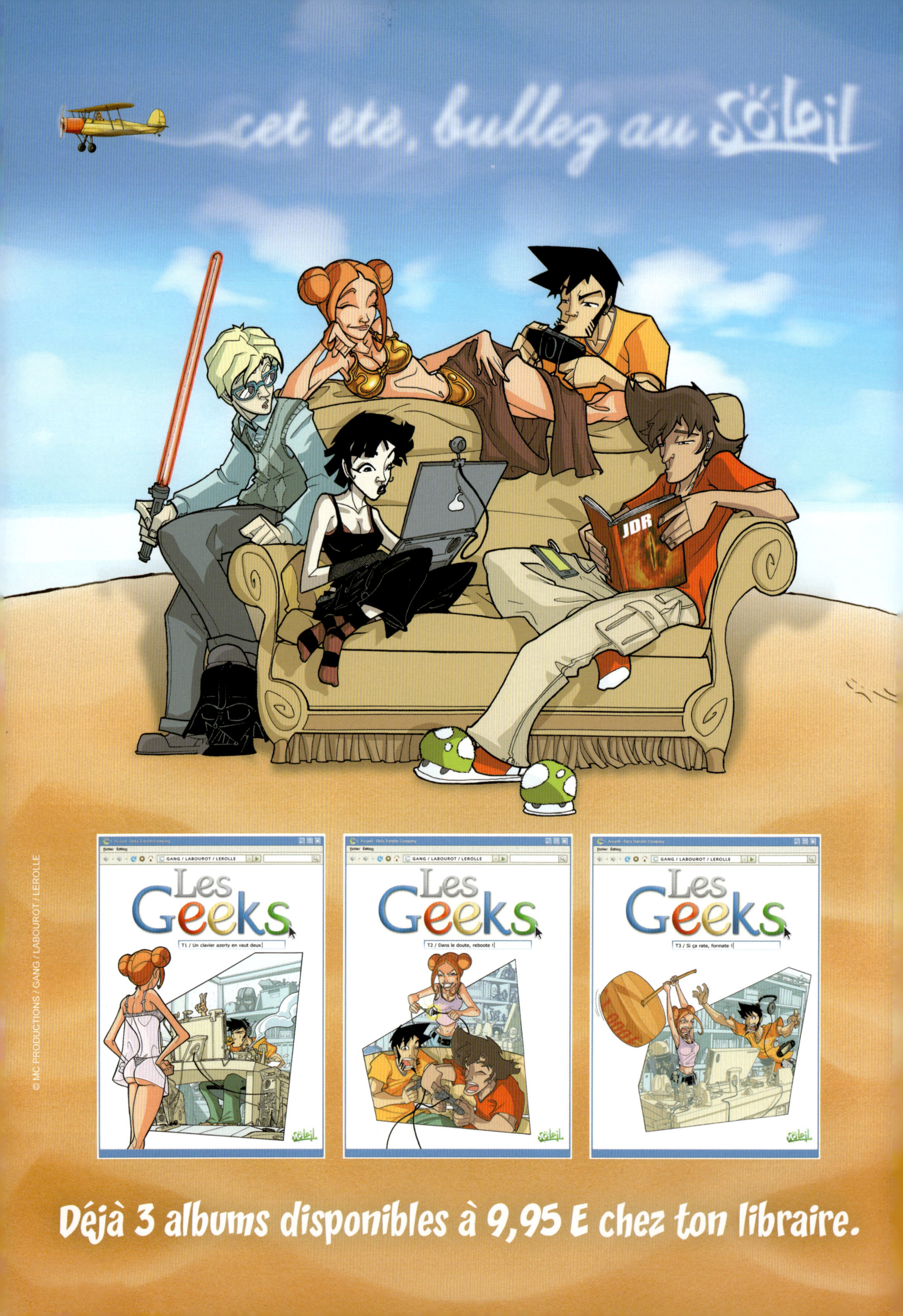
...cet ete, bullez au Soleil
JDR
GANG / LABOUROT / LEROLLE
Les Geeks
T1 / Un clavier azerty en vaut deux
Soleil
GANG / LABOUROT / LEROLLE
Les Geeks
T2 / Dans le doute, reboote !
Soleil
GANG / LABOUROT / LEROLLE
Les Geeks
T3 / Si ça rate, formate !
Soleil
Déjà 3 albums disponibles à 9,95 E chez ton libraire.
© MC PRODUCTIONS / GANG / LABOUROT / LEROLLE